대한민국에 **이런 학교가** 있었어?

대한민국에 이런 학교가 있었어?

인생을 바꾸는 꿈의 1년,
벤자민인성영재학교 이야기

一指 이승헌 지음

한문화

어떤 경우에도 부모는 아이에 대한 믿음을,
교사는 아이에 대한 지지를 멈추지 않아야 합니다.
믿음과 지지 속에 자란 아이는 누구나 저마다의 재능으로
세상을 더욱 환하게 만듭니다.

내가 다니고 싶은 학교

나는 학창시절 내내 '학교는 왜 다녀야 하는가', '공부는 왜 이런 방식으로 해야 하는가'라는 의문을 품었다. 중간고사와 기말고사 같은 시험을 앞두고는 이런 생각을 했다. 내가 준비되지 않았는데, 또 내가 원하지도 않는데 왜 학교에서 일방적으로 정한 시험에 응해서 평가를 받아야 하는가? 왜 항상 다른 사람이 낸 문제를 풀고 정답을 맞혀야 하는가? 내가 문제를 내고 내가 답하는 건 왜 안 되는가?

대부분의 학생이 매우 당연하게 받아들이는 시험 방식조차 내게는 큰 의문이었다. 지금도 나는 스스로 문제를 내고 답하는 방식이 창조성을 키우는 데는 더 도움이 될 것이라고 믿는다. 세계적인 IT 기업을 창업한 빌 게이츠, 스티브 잡스, 마크 저커버그 같은 인물의 공통점은 다니던 대학을 중도에 그만두고 자신의 아이디어를 실현하는 데 몰두했다는 점이다. 내가 보기에 이들은 다른 사람이 낸 문제 풀기를 거부하고, 스스로 고안한 문제에 자신이 원하는 방식으로 답안을 작성한 사람들이다.

우리나라에 우수한 인재는 많으나 미래를 이끌 창의적 인재는 크게 부족하다는 우려가 산업의 급격한 변동을 앞두고 더욱 커지고 있다. 창의적 인재를 배출하기 위해 가장 먼저 바꿔야 하는 것은 누구나 지적하듯 학교 교육이다. 그 다음에는 기업 문화를 바꾸고, 이 같은 변화를 확산시켜 사회 전체의 인식을 바꿔야 한다. 그런데 교육을 바꾸는 일은 우리가 지난 수십 년 동안 겪어서 알듯이 안팎으로 장애가 많아 진척시키기가 몹시 어렵다. 교육은 사회 각 분야 중 보수성이 가장 강한 데다가, 교육부 장관을 역임한 인사들이 교육 문제를 해결하려면 교육부부터 해체해야 한다고 고언할 만큼 이는 몇 가지 제도 개선으로 풀 수 있는 문제가 아니다.

이 같은 현실에 나는 나 자신에게 문제를 하나 내고 그 답을 찾아 보기로 했다. 나를 비롯해 대부분의 사람이 경험한 학교는 학생들에게 잔혹할 만큼의 열등감을 당연하다는 듯 안겼는데, 내가 다시 학창시절로 돌아간다면 어떤 학교에 다니고 싶을까 하는 문제였다. 일단 시험을 보지 않고, 주입식 공부를 강요하지 않는 학교면 좋겠고, 친구들과 어울려 신나게 이것저것 해보는 기회가 많으면 좋겠다고 생각했다. 수년간 이를 궁리하고, 일 년의 구체적인 모의교육 과정을 거치면서 나는 마침내 하나의 답에 이르렀다.

시험과 성적표가 없는 학교

내가 찾은 답은 우리나라 최초의 고교 완전자유학년제 학교, 벤자민인성영재학교 설립이었다. 2014년에 문을 연 벤자민인성영재학교(이하 벤자민학교)에는 교실, 교과목 수업, 숙제, 시험, 성적표가 없다. 그래서 '5무 학교'라고 부른다. 교과서로 공부하지 않고 시험도 안 보고 등수도 매기지 않는 학교에서 유일하게 정해놓은 교육과정의 목표는 '인성영재로 성장하기'다. 음악영재, 미술영재, 과학영재는 그 분야의 재능이 일찌감치 개발된 소수의 인재를 일컫지만, 인성영재는 누구나 될 수 있다. 애초에 인성이 뛰어난 아이를 신입생으로 선발하는 것이 아니다. 모든 아이의 내면에 인성의 빛이 있음을 믿고 그 빛을 밝히는 교육의 책임을 다하겠다는 사명감으로 세운 교육 목표이다.

인성은 인간으로의 가치를 높이는 품성이다. 인성이 바탕이 될 때 재능은 더욱 빛나고, 행복은 늘 곁에 있는 일상이 된다. 벤자민학교 아이들은 중학교를 마치고 고등학교에 진학하기 전에, 또는 다니던 고등학교를 쉬고 벤자민학교에 와서 1년 간의 인성영재 과정을 스스로 계획하고 체험한다. 학교와 학원을 오가며 짜인 시간표대로 생활하는 데 익숙한 아이들은 자유롭게 주어진 시간이 낯설고 버거워서 학기 초에는 뭘 해야 할지 갈피를 잡지 못하는 경우가 많다. 그러다가 차츰 다른 친구들이 하는 걸 보면서 자신의 프로젝트를 계획하고 교사와 멘토, 친구들과 부모로부터 이전에는 경험해보지 못한 전폭적인 응원을 받으며 프로젝트를 하나씩 실행해간다. 그러는 사이 아이들의 자신감이 부쩍부쩍 자라 인성영재의 환한 얼굴을 드러낸다.

벤자민학교 학생들은 스스로 문제를 내고 답을 찾는 자기주도적 과정을 1년 간 체험하며 자신감과 창조성을 키운다. 학생들이 풀어야 하는 문제는 두 가지다. 하나는 자신이 하고 싶은 것을 찾아서 도전하는 '벤자민 프로젝트'이고, 다른 하나는 시간제로 일하는 아르바이트 현장에서 주어지는 일을 해내는 '직업 체험 활동'이다. '하고 싶은 일'과 '해야 하는 일'에 도전하면서 학생들은 자신이 생각했던 것보다 더 용기 있고 책임감 있는 사람임을 스스로 확인한다. 이처럼 자신의 가치를 발견하고, 꿈을 통해 그 가치를 실현해가는 것이 인성영재의 가장 빛나는 자질이다.

인성영재의 모델, 벤자민 프랭클린

학교 이름에 쓴 벤자민은 미국인들이 지금도 가장 존경하는 인물로 꼽는 벤자민 프랭클린이다. 20여 년 전, 개척자의 마음으로 미국에 건너가 새로운 일에 대한 도전을 앞두고 미국 역사를 공부하면서 벤자민 프랭클린에 대해 알게 됐다. 그는 한마디로 대단히 훌륭한 인성 개발의 본보기라 할 만한 인물이다. 가난한 이민자 가정에서 열일곱 명의 아이들 중 열다섯 번째로 태어난 벤자민은 어려운 가정 형편 때문에 열두 살 때부터 인쇄소에서 일했다. 학교는 2년밖에 다니지 못했지만 신문, 잡지 같은 인쇄물을 읽으며 지식을 쌓았고, 독학으로 프랑스어, 이탈리아어, 스페인어, 라틴어를 익혔다. 이 같은 명석함과 성실함이 뒷받침되어 열여덟 살에 신문 발행인이 되는데, 이후 각계각층의 인사들과 교류하면서 인생에는 부나 명예, 권력보다 더 중요한 것이 있음을 깨닫고 '인격 완성'이라는 원대한 삶의 목표를 세웠다. 그리고 인격 완성을 위한 열세 가지 실천 덕목을 정하고 평생토록 이를 지키고자 노력했다.

주위 사람들로부터 큰 신뢰와 존경을 받은 벤자민은 뛰어난 정치가, 외교관, 과학자, 작가, 기업가, 언론인, 철학자, 교육자로서 분야마다 뚜렷한 발자취를 남겼다. 그랬음에도 죽음을 앞두고 자신의 묘비명에 단지 '인쇄공 벤자민 프랭클린'이라고 새겨 넣기를 당부했다. 마지막 순간까지 인격 완성이라는 삶의 목표를 잊지 않은 벤자민 프랭클린은 지식을 가르치기보다 인성을 깨우고, 자신의 가치를 발견하게 함으로써 창조적인 미래 인재를 기른다는 우리 학교의 설립 목표를 상징적으로 잘 대변해주는 인물이다.

아이들의 꿈은 미래를 창조하는 원동력

나는 벤자민학교가 우리나라 학교 체제에서 특수한 교육 실험의 하나로 분류되기를 원치 않는다. 벤자민학교를 특별한 사례로 꼽기보다는 우리나라의 모든 학교가 인성영재 프로그램을 도입해 본격적인 교육 혁신이 일어나기를 기대한다.

한 나라의 교육 목표와 교육 제도에는 그 사회가 축적한 역량과 나아가려는 방향이 반영되게 마련이다. 사람을 중시하고 가치를 지향하는 사회가 선택하는 교육과, 자본 경쟁이 최고 우위를 차지하는 사회의 교육은 크게 다를 수밖에 없다. 우리나라는 홍익정신을 교육이념으로 명문화해 놓았지만, 교육정책과 교육과정 속에서 홍익정신을 구현하기 위한 구체적인 실천 의지를 찾아보기는 어렵다.

벤자민학교 이름에 쓰인 '인성영재'는 홍익정신을 실천하는 사람, 즉 홍익인간과 다름없는 표현이다. 홍익의 가치를 바탕으로 뇌교육을 만들었고, 뇌교육으로 인성과 창의성을 키우는 교육 모델로서 벤자민학교를 세웠다. 인성영재 과정을 통해 아이들이 변화하고 성장하는 사례들이 알려지면서 공교육에서도 벤자민학교를 주목하고 있다. 지난해, 인성을 주제로 열린 '뇌활용 행복학교 경영을 위한 학교장 역량 강화 연수'에는 전국의 각급 학교에서 260여 명의 학교장이 참석해 인성과 창의성 중심의 새 교육모델에 높은 관심을 보였다.

벤자민학교 개교 첫해의 입학생은 27명이었다. 내딛는 모든 걸음이 첫걸음이었던 이 아이들은 용기 있게 한 발 한 발 나아가며 끝까지 서로의 손을 놓지 않고 27명 모두 명예로운 1기 졸업생이 되었다. 1기 졸업식과 2기 입학식은 같은 날 한 장소에서 열렸다. 이 날 27명의 졸업생에게 축하 박수를 보낸 2기 신입생은 479명이었다.

벤자민학교를 선택한 아이들은 자란 환경과 현재의 상황, 입학 동기 등이 다 제각각이다. 이 아이들이 저마다의 속도로 변화하고 성장하는 모습은 이를 지켜보는 부모와 교사의 마음을 더없이 흐뭇하게 할 뿐 아니라, 우리 사회에 소중한 희망을 선사한다. 아이들은 언제든 성장할 준비가 되어 있다. 그러나 어른들이 욕심 때문에 조바심을 내며 아이들 손을 잡아끌거나 등을 떠밀면 처음에는 빨리 가는 듯 하다가도 끝내 넘어지기 십상이다. 교육에서 부모와 학교와 사회가 해야 하는 최선의 역할은 아이들이 스스로 재능을 찾고 열정을 깨울 수 있도록 지지하며 기다려주는 것이다.

아이들이 가슴에 품는 꿈은 우리 사회를 미래로 이끄는 원동력이다. 다음 세대 아이들의 꿈을 키우지 못하면 사회는 시대의 변화를 타고 갈 동력을 얻지 못해 쇠락의 길을 걷게 된다. 과중한 경쟁에 내몰려 좌절을 반복하며 아이들은 활기를 잃고, 부모는 불안에, 교사는 무력감에 빠진 현실을 방치하는 것은 우리 스스로 미래를 포기하는 것과 다름없다. '사람이 미래다' 하면서 사람 살리는 교육을 하지 않는다면 미래에 대한 희망은 망상으로 끝나고 말 것이다.

우리의 미래를 위해 아이들이 꿈을 찾도록 학교와 사회가 환경을 만들어 주고, 아이들의 꿈을 응원하는 교육이 무엇보다 중요하다.

이는 교육의 중심을 지식교육에서 인성교육으로 전환함으로써 가능하다. 인성교육으로 아이들의 창의성을 열어놓으면, 비록 변화의 방향을 가늠하기 어려운 미래라 할지라도 위기보다는 새로운 가능성 쪽으로 나아갈 수 있다.

스스로 재능과 열정을 깨우며 성장한 인성영재들이 창의적으로 꿈을 펼치는 교육. 이를 실현하는 것이 우리가 희망하는 밝은 미래에 이르는 길이다. 인성영재가 미래다.

뉴질랜드 얼스빌리지에서

일지 이승헌

차 례

3장 없는 게 많은 학교여서 행복한 아이들

우리나라 최초의 고교 완전자유학년제 학교

6장 이 모든 것의 시작, 뇌교육

모두를 위한 최고의 재능, '인성'을 깨우다

벤자민학교를 찾는 아이들은 각양각색이다.
성적은 줄곧 전교 1등이나 공부를 왜 해야 하는지
모르겠다며 한숨 쉬는 우등생부터
좌충우돌하다 보호관찰 대상이 된 학생까지,
저마다의 문제와 어려움을 안고 학교 문을 두드린다.

나를 사랑하는
내가 될 거야

1장

벤자민인성영재학교에 가다

여러분은 스스로
결정해 본 적이 있나요?

벤자민인성영재학교 신입생 면접날, 면접관들은 미리 휴지를 여러 장 챙겨 주머니에 넣어둔다. 벤자민학교의 입학 전형은 면접과 인성체험 평가로 이뤄지는데, 입학 여부를 결정하는 데는 면접이 큰 영향을 미친다. 면접은 학생과 부모가 한자리에서 면접관의 질문에 답하는 방식으로 진행된다. 엄격한 평가가 면접의 목적이 아니기 때문에 학생에게 위압적인 질문을 던지거나, 면접관에게 잘 보이기 위해 답변하는 모습은 찾아볼 수 없다.

학생과 부모와 면접관 사이에 몇 가지 질문과 답변이 오간 뒤에는 학생의 '꿈 스피치'가 이어진다. 꿈 스피치는 자신이 바라는 것, 하고 싶은 것에 대해 2분 남짓 발표하는 면접 과정의 일부이다. 미리 적어온 쪽지를 꺼내들고 쑥스러운 표정으로 읽어 내린 학생에게 면접관이 몇 가지 질문을 건네고, 곰곰 생각하던 학생은 천천히 자신의 속마음을 드러낸다. 이때 옆에서 조용히 이야기를 듣고 있던 부모는 대부분 '얘가 이런 생각을 하고 있었다니' 하는 놀라움과 '아이가 원하는 게 뭔지 지금껏 제대로 물어봐 준 적이 없었구나' 하는 미안함에 고개를 떨군다. 눈물을 보이는 경우도 적지 않다. 준비해둔 휴지를 꺼내 부모에게 건네는 면접관들도 찡하기는 마찬가지다. 부모의 눈물에는 아이의 마음을 알지 못했다는 자책과 함께, 잘 성장하고 있구나 하는 안도가 섞여 있다. 십대 청소년이 된 이후로 자신의 아이가 이렇게 길게 말하는 걸 처음 듣는다며 놀라워하는 부모도 있다.

면접을 마치면 팀플레이 테스트를 한다. 한 팀에 10여 명의 학생이 동그랗게 원을 그리고 서서 키 높이의 긴 막대를 쓰러뜨리지 않고 옆으로 이동하는 방식이다. '배려 스틱'이라고 불리는 이 게임을 통해 아이들은 자신의 행동이 다음 사람에게 영향을 미치고, 이것이 연결된 결과가 자신에게 돌아온다는 것을 알게 된다. 막대가 쓰러지더라도 옆의 친구를 탓하지 않고, 다른 사람들이 움직이는 리듬을 살피면서 더 주의를 기울이면 자신도 성공하고 팀도 성공한다. 협동심을 몸으로 터득하는 과정이라고 할 수 있다.

이어서 신체조절능력을 평가한다. 종목은 팔굽혀펴기와 한 자세를 일정 시간 유지하는 연단, 이 두 가지다. 그러나 몇 개를 하고 몇

입학 지원자들에게 주어지는 팀플레이 테스트 '배려 스틱' 게임

분을 버티는지를 평가 기준으로 삼지는 않는다. 체력은 입학 후에 올리면 되니 지금의 상태를 입학전형 점수에 반영할 필요는 없다. 면접 과정에 이 평가 항목을 넣은 이유는 한계 상황이 왔을 때 힘들어도 조금 더 참고 해내려는 의지를 보고자 함이다. 물론 시작하자마자 포기해버린 아이라도 입학 후에 차츰 체력과 함께 의지도 자랄 것임을 알고 있다. 다만 학기 초에 아이들의 개별적인 특성에 따라 코칭 계획을 세울 때 참고할 사항으로 기록한다.

벤자민학교의 모든 면접 과정은 학생을 평가하기 위해 하는 것이 아니다. 아이가 자신을 표현하고, 부모가 아이의 말에 귀 기울임으로써 아이를 좀 더 이해하게 되는 면접장 풍경은 청소년 자녀와 부모 사이에 모처럼 이심전심하는 소통의 장이 된다. 면접장에서부터 벤자민학교의 인성영재 교육이 시작되는 셈이다.

벤자민학교를 찾는 아이들은 각양각색이다. 성적은 줄곧 전교 1등이나 공부를 왜 해야 하는지 모르겠다며 한숨 쉬는 우등생부터 좌충우돌하다 보호관찰 대상이 된 학생까지, 저마다의 문제와 어려움을 안고 학교 문을 두드린다. 지푸라기를 잡는 심정으로 오기도 하고, 피난처나 방호구역으로 피신하듯 오는 경우도 있다. 그런가 하면 아이 스스로 씩씩하게 부모를 설득해서 오기도 한다.

학교에 들어오는 동기가 저마다 다른 만큼 아이들의 의지도 제각각이다. 잔뜩 웅크리며 숨는 아이, 무조건 도망가려는 아이, 아무것도 하고 싶지 않은 무력감에 빠진 아이가 있는가 하면, 숨 막히는 학교에서 벗어나 하고 싶은 걸 할 수 있게 됐다는 기대감에 부푼 아이도 있다. 이렇게 다른 아이들이 저마다의 동기를 가지고 모인 벤자민학교의 가장 놀라운 점은 이 아이들끼리 경쟁 상대가 아닌 친구가 되어 서로 끌어주고 응원하며 각자의 성장 체험을 한다는 것이다.

2014년에 개교한 벤자민학교는 올해 다섯 번째 신입생을 맞았다. 벤자민학교를 선택한 이유를 학생들은 이렇게 이야기한다.

나는 굉장히 소심한 성격이어서 중학교 때까지 거의 말을 하지 않았다. 어쩌다 앞에 나가면 너무 긴장해서 벌벌 떨고 서 있기만 했다. '미생'이라는 드라마에서 신입사원인 주인공이 복사기를 다루지 못해 쩔쩔매는 장면을 보면서 '아, 내가 크면 저런 모습이겠구나' 싶었다. 내가 뭘 잘하는지 모르겠고, 미래의 꿈 같은 건 생각해 보지도 않았다. 자존감이 완전 바닥이어서 이렇게 사느니 죽는 게 낫겠다는 생각도 여러 번 했다. 힘들어 하는 내게 부모님은 고등학교 진학보다 대안학교인 벤자민학교를 권하셨다. 나는 한동안 결정을 하지 못하고 망설이다가 일단 인성캠프에 참가해보기로 했다. 사실 캠프에도 갈 생각이 없었지만 그냥 기분이라도 좀 나아지기를 바라는 마음으로 갔다. 그런데 캠프가 진행되는 동안 뜻밖에도 많은 것들이 의미 있게 다가왔다. 특히 한 선생님이 던진 질문은 내 마음에 큰 진동을 일으켰다. 선생님은 우리에게 이렇게 물었다. "여러분은 스스로 뭔가를 결정해 본 적이 있나요?" 지금껏 그랬던 적이 없는 것 같았다. 스스로 선택하고 결정한다는 것은 성장의 첫 단추를 끼우는 일이라는 선생님 말씀이 마음에 남았고, 나는 벤자민학교 입학을 결심했다. _송민근

방긋방긋 잘 웃고, 수업시간에 절대 자지 않고, 무슨 일이든 열심히 해서 선생님들이 칭찬하는 학생. 그게 나였다. 하지만 성적이 콤플렉스였다. 성적이 안 나오니까 계속 자책하게 되고, 공부를 하면서도 머릿속엔 온통 부정적인 생각들이 꽉 들어차 있었다. 내가 나 자신을 성적으로 평가하면서 자포자기 상태에 빠져 있던 무

렵에 벤자민학교를 알게 되었다. 1기 선배들의 활동을 담은 영상을 하나 하나 찾아보는 동안 나도 저렇게 자신감을 되찾고 당당해지고 싶다는 생각이 점점 커졌다. _이세연

네 살 때부터 미술학원에 다니면서 그림을 그렸는데, 중학교 가서는 그림을 포기하고 오로지 공부만 하는 입시로봇으로 살았다. 공부하다가 지치고 힘들어서 나는 뭘 하면 행복할까 생각해 본 적이 있다. 그런데 정말 아무것도 떠오르지 않았다. 엄마에게 '행복하고 싶은데 어떻게 해야 행복해지는지 모르겠다'고 하니, '다른 사람들도 다 그렇다. 지금은 그런 생각할 때가 아니니까 딴생각 말고 공부만 하면 된다'고 하셨다. 그래도 때때로 행복에 대해 생각했다. 지금은 행복하지 않다고 느꼈기 때문이다. 행복에 대한 이야기를 다시 들은 건 벤자민학교 입학 설명회 때다. 자기 자신을 사랑하는 사람으로 성장해야 행복한 삶을 살 수 있기 때문에 벤자민학교에서는 자신을 표현하는 예술 활동을 적극 권장한다고 했다. 그 순간 잊고 있던 그림이 생각났고, 그림 그릴 생각을 하니 가슴이 뛰었다. _성규빈

벤자민학교에서 1년 동안 자신이 좋아하는 그림을 마음껏 그리며 미술작가의 꿈을 키운 성규빈 학생은 입시미술 경험이 없음에도 졸업 후 검정고시를 거쳐 미대 조형예술학과에 진학했다.

학교 성적이 좋은 아이들도 진로를 고민하기는 마찬가지다. 입시 중심의 공교육에서는 공부를 잘하는 아이라고 해서 좋아하는 것이나 하고 싶은 것이 무엇인지 진지하게 관심을 갖고 물어주지 않는다. 학교 교육의 목표를 '대입'에 맞춘 상황에서 중요한 것은 오로지 지금의 성적으로 갈 수 있는 대학과 전공이 무엇인가 하는 것이지 개인의 적성이 아니기 때문이다.

성적과 대학 외에는 어떤 것도 가치 있게 다뤄지지 않는 교육 환경은 세상을 습득해가는 아이들에게 치명적인 결핍과 불균형을 안길 수 있다. 이 보이지 않는 폭력 속에서 아이들이 다치고 신음한다.

좋은 대학에 가겠다는 목표로 쉬는 시간에도 놀지 않고 복습하고, 야간자율학습을 마치고 집에 와서도 새벽 2시까지 공부했다. 그런데 어느 순간 내가 이렇게 해서 대학 가고 취직하면 행복할까 하는 생각이 들었다. 시간이 갈수록 의문이 커지면서 공부도 잘되지 않았다. 친구나 선생님에게 이런 얘기를 하면 지금은 그런 생각 접어두고 무조건 공부부터 하라고 했다. 그러던 중 벤자민학교를 알게 됐는데 이 학교는 내 의문에 답을 해줄 수 있을 것 같았다. 엄마는 공부 안 해도 좋으니 다니던 학교에 계속 다니라고 하셨지만 나는 벤자민학교에서 답을 찾아보기로 했다. _**양성훈**

호기심이 무척 많아서 기기를 분해하고 조립하는 걸 좋아한다.

좋은 대학에 가겠다는 목표가 있어서 억지로라도 공부해서 전교 1등을 하긴 했는데, 갈수록 학교생활이 재미없고 의욕도 떨어졌다. 벤자민학교를 소개받고 제일 먼저 든 생각은 내 목표를 스스로 찾을 수 있겠구나 하는 것이었다. 아버지는 벤자민학교를 선택한 내게 이렇게 말씀하셨다. "나도 내가 원하는 일을 찾아서 돌아오는 데 10년이 걸렸다. 자신이 좋아하는 일을 하지 못하면 많은 시간을 허비하게 되니까 네가 원하는 걸 꼭 찾아봐라." _ **문종영**

내 별명은 자투생. 자퇴를 두 번 해서 생긴 별명이다. 남들이 말하는 명문고에 다녔고 성적도 좋았지만, 내가 원하는 목표도 없이 오로지 성적을 올리기 위한 공부만 경쟁적으로 해야 하는 상황이 견딜 수 없이 힘들고 싫었다. 벤자민학교 1기에 들어간 친구가 세 명 있는데, 1년 뒤에 그 친구들은 세상을 보는 눈이 달라져 있었다. 그 친구들이 여러 가지 체험을 하면서 진짜 공부를 하는 동안 나는 그저 시험공부에만 매달려 있었구나 생각하니 허탈했다. 고민 끝에 벤자민학교에 가기로 마음을 굳히고 학교를 자퇴하겠다 하니 부모님은 말도 안 되는 소리 말라며 제발 졸업이나 하라고 하셨다. 나는 굽히지 않았다. 그건 나보고 죽으라는 것과 같다며 버텼다. 결국 나는 자투생이 되었고, 진짜 공부하는 즐거움을 알아가고 있다. _ **김은비**

내가 다른 사람에게 인정받을 수 있는 방법은 공부밖에 없다고 생각했고, 늘 전교 1, 2등을 지켰다. 우연히 벤자민학교 영상을 봤는데 거기 나오는 학생들을 보면서 나도 저렇게 자신감 있고 당당하고 멋진 사람이 되고 싶다는 생각이 들었다. 사실 나는 주변 사람들에게 인정받고 싶어서 공부를 한 것일 뿐, 아무런 목표도 없고 자신감도 없고 속으로는 늘 불안한 상태였다. 벤자민학교에 가겠다고 하자 부모님은 크게 반대하셨다. 아빠는 내 얘기를 들으려고도 하지 않으셔서 어느 날 편지를 써서 출근가방에 넣었다. 편지를 읽은 아빠는 벤자민학교에서 1년을 어떻게 보낼지 계획표를 짜서 가져와 봐라 하셨고, 마침내 허락하셨다. _ 김현수

자사고에 합격하고 겨울방학 동안 학원에 다니면서 등수 위주의 치열한 입시 경쟁을 실감했다. 왜 이렇게 공부해야 하는지 너무 답답했고, 불확실한 미래 때문에 이렇게 불행해도 되나 싶었다. 이건 아닌 것 같다는 생각이 점점 분명해지면서 벤자민학교를 선택했다. 벤자민학교에 대해 엄마가 '꿈을 찾을 수 있는 학교'라고 얘기해 주신 적이 있었다. 그냥 공부하라니까 하는 게 아니라, 꿈이 있으면 스스로 하게 된다고. 그 얘기가 내 마음에 남아 있었던 것 같다. _ 서혁준

학생을 위한 학교는 없는가? 우리나라 교육기본법에는 교육의 목

표가 홍익인간 양성이라고 되어 있지만, 실제로 학교 교육의 목표가 이에 맞춰져 있다고 할 수는 없다. 학교 교육이 대학 진학률 올리기에 급급해 사람 기르는 교육을 놓아버린 사이, 청소년 자살률은 OECD 국가 중 1위, 청소년 행복지수는 최하위를 지키고 있다. 아이들의 자존감, 자신감, 꿈, 희망을 살리는 교육이 시급하고 절실하다.

고등학교 2학년에 다니다가 벤자민학교로 왔다. 수능에 대한 압박감과 진로에 대한 고민으로 많이 무기력해진 상태였다. 내년이면 수능인데 왜 열심히 안 하느냐는 주변 사람들의 다그침을 들을 때면 내가 정말 못난 사람이라는 느낌이 들었다. 얼굴 표정은 늘 어둡고 의사 표현도 서툰 나를 바꾸고 싶었다. 벤자민학교는 이런 나를 이해하고 도와줄 수 있을 것 같았다. 벤자민학교에 와서 '너는 충분히 잘 할 수 있다. 하고 싶은 걸 마음껏 해봐라' 하는 말을 들었다. 이전에는 한 번도 들어보지 못한 말이었다. _사공민

엄마가 벤자민학교를 권했을 때 거기는 인성에 문제가 있는 아이들이 가는 데 아닌가 해서 싫다고 했다. 엄마는 벤자민학교에 꼭 들어가지 않아도 되니까 면접만 보라며 나를 설득했고, 하는 수 없이 면접장에 갔다. 면접관은 내 성적이나 스펙이 아닌, 내가 원하는 것이 무엇인지를 물었다. 여기는 좀 다른 학교구나 하는 생

각이 들었고, 다른 사람과 자꾸 비교하면서 위축돼 있는 나 자신을 바꾸고 싶어서 입학을 결심했다. _ **임소은**

중2 때부터 진로를 고민했지만 뭘 해야 할지 몰랐다. 공부를 해야 한다는 생각은 있었지만 힘이 나지 않아서 그냥 놀기만 했다. 어른이 돼서도 이렇게 살 것 같다는 생각에 마음이 짓눌려 힘들어하고 있을 때 엄마가 벤자민학교 얘기를 했다. 엄마는 고등학교 선생님인데 벤자민학교의 철학이 무척 좋다고 하셨다. 내가 원하는 것이 무엇인지 알고 꿈을 찾을 수 있는 학교라면 가보고 싶다는 마음이 들었다. _ **김민주**

일반 인문계 고등학교에 다니다가 1학기 중간에 벤자민학교로 편입했다. 이전에 다니던 학교가 너무 싫어서 벗어나고 싶었다. 중학교 때 친구들이 나를 오해해서 따돌리고 미워했는데, 이후 사람들 앞에 서면 안면근육이 떨리고 다리가 후들거릴 정도로 자신감이 완전히 바닥이었다. 사람들 앞에서 말하지 못하는 트라우마를 떨치고 싶었다. 내게 필요한 것이 벤자민학교에 있을 것이라는 기대감으로 자퇴의 두려움을 누르고 편입을 결심했다. _ **윤햇살**

부모님과 캐나다 밴쿠버에 살다가 다섯 살 때 한국으로 돌아왔다. 어머니는 친환경적이고 가치 있는 삶을 추구하는 사람들의 교류를 돕는 글로벌 네트워크 우프코리아를 운영하고 계셨고, 나도 우프코리아의 교류 지원 프로그램을 통해 국내외의 여러 농촌을 체험했다. 캐나다의 딸기밭, 호주의 농장 등 해외에 농촌 체험을 가면 2주는 일하고 2주는 여행을 할 수 있어서 좋았다. 우리나라에서는 고구마밭, 양계장, 농장 등지에서 2주씩 머물며 일을 도왔다. 친구들과 함께 가면 하루에 다섯 시간 정도 일하고 이후에는 친구들과 시간을 보내는 것이 좋았고, 혼자 갈 때는 나 자신에 대해 생각해 보는 시간이 많아서 좋았다.

그러다가 덴마크의 자유학년제 학교인 애프터스콜레Efterskole로 유학을 갔다. 애프터스콜레는 하루 한 시간의 수업 외에는 스스로 알아서 체험학습을 해야 했는데 낯선 곳에서 체험거리를 찾기가 쉽지 않아 어려움을 겪었다. 그래서 어머니와 상의 후 영국에 있는 다른 학교로 옮기기로 하고 일단 한국으로 돌아와 다시 유학 준비를 했다. 그 시점에 우프코리아와 벤자민학교가 업무협약(MOU)을 맺게 되면서 어머니의 권유로 인성영재 캠프에 참가하게 됐다.

벤자민학교는 애프터스콜레와 비슷한 시스템을 갖추고 있는 데다가 체험학습을 마음껏 할 수 있다는 점이 마음에 들었다. 그래서 영국 유학을 보류하고 벤자민학교를 선택했다. 입학 후 첫 한 달 동안 일곱 권의 책을 읽고 독후감을 쓰고, 워크숍에 참여하고, 멘토 분들의 강의를 들으면서 이 1년이라는 시간이 정말 꿈을 찾는 드림 이어가 되게 하자고 마음먹었다. _송원재

더 이상 작아지기 싫어서, 행복하고 싶어서 벤자민학교에 온 아이들이 자신감과 자존감을
키워 미래 인재로 성장하도록 돕는 것이 벤자민학교의 사명이다.

자신감과 자존감은 인성의 주춧돌

아이들은 말한다. "자꾸 작아지는 내가 싫어요." "행복하고 싶어요."

아이란 몸과 마음이 시시각각 자라는 존재인데, 거꾸로 작아지고 있다고 느낀다 한다. '행복은 성적순이 아니잖아요'라는 제목의 영화가 나온 지 30년이 지났지만 상황은 오히려 더 노골적으로 치닫고 있다. 성적과 대학이 네 인생을 좌우할 거라며 아이들을 겁박하는 지경이다. 학교에서, 부모에게서 등 떠밀려 무한경쟁의 트랙을 달리는 아이들이 어떤 자아관과 가치관을 만들어가고 있을지 생각하면 마음이 참으로 무겁다.

아이들이 가장 광범위하게 겪는 문제는 자신감과 자존감의 저하다. 이는 자기 자신에 대한 긍정적인 감정을 잃어버리게 하는 심리적 위기 상황에 해당한다. 삶을 지탱하는 힘, 삶을 풍요롭게 하는 능력은 자신에 대한 긍정적인 감정, 즉 있는 그대로 인정하고 사랑받을 수 있는 사람이라는 믿음에서 비롯한다. 자신감과 자존감은 인성의 주춧돌이다. 주춧돌이 안정되게 놓이지 않으면 그 위에 어떤 것도 세울 수 없다.

자신에게 믿음과 사랑을 가진 사람은 다른 사람의 시선에 눌려 작아지지 않는다. 실수하고 실패해도 다시 시작할 수 있는 길을 찾는다. 자신이 속한 세계에 대해 책임 있게 행동한다.

아이들이 자신에 대한 믿음과 사랑을 갖고 성장하도록 지켜주는 것. 이것이 어른의 일이고, 벤자민학교가 해내고자 하는 일이다.

벤자민학교는 교실, 교과목 수업, 숙제, 시험,
성적표가 없어서 '5무 학교'로 불린다.
벤자민학교에서는 교실에서 수업 시간표에 따라
교과목 공부를 하고 숙제를 내고 시험을 보고
성적표를 받는 평가 중심의 교과과정을
완전히 없애고, 체험 위주의 인성교육 과정을 실시한다.

내가 정말
달라질 수 있을까

아이들은 무엇으로 성장하는가

벤자민학교라는 구명정에
오른 아이들

아이가 자신의 의지로 선택했든 부모 손에 이끌려 왔든, 벤자민학교에 입학한 직후 대부분의 아이들이 가장 열정적으로 빠져드는 것은 잠이다. 처음 몇 주 동안 아이들은 집안의 다른 가족이 생사 확인을 해볼 정도로 온종일 죽은 듯이 잔다. 그동안 정해진 시간표에 맞춰 생활하다가 등교할 일이 없어지자 밤낮없이 실컷 잠에 빠져드는 것이다.

또래들은 모두 학교에 간 평일에 오후가 되도록 이불을 뒤집어쓰고 자는 아이를 바라보는 부모는 속이 끓는다. 다니던 학교를 그만두고 대안학교를 선택하면서 애써 눌러둔 불안이 마음에 지진을 일으키는데, 하루 이틀도 아니고 마냥 참고 있으려니 가슴이 너무 답답하다. 아이와 함께 결정한 일이지만 부모로서 잘못 판단한 것은 아닌지 자책이 밀려오기도 한다.

차오르는 불안을 이기지 못하고 아이를 깨워 한소리 하고 싶은 걸 겨우 꾹 참고 돌아섰다는 학부모에게 벤자민학교 선생님들은 이렇게 이야기한다. "아이를 가만히 지켜보는 거 정말 쉽지 않은데, 잘 하셨어요. 답답하고 불안하기도 하겠지만 아이가 원하는 만큼 푹 자고 스스로 일어날 때까지 기다려 주세요. 그동안 아이 마음에 쌓인 불안, 걱정, 좌절감, 분노 같은 감정의 찌꺼기가 잠을 통해 씻겨 나간다고 생각하면 좀 더 편안한 마음으로 기다릴 수 있으실 거예요. 잠은 우리 몸과 마음의 에너지를 재정비하는 과정이죠. 아무런 억압 없이 마음 놓고 푹 자고 나면 스스로 기운을 차리고 일어나는 날이 꼭 온답니다."

공교육이라는 큰 배에서 내려 이제 막 벤자민학교라는 구명정에 오른 아이들이다. 이 아이들의 긴 수면을 비로소 마음 놓고 한숨 돌리는 시간으로 받아들여도 좋을 것이다. 한편 친구들과 떨어져 새로운 환경을 맞은 아이는 입학 직후 기대와 걱정이 뒤섞인 혼란스러운 감정 상태에 놓인다. 그 막막함이 버거워서 일단 잠으로 도망가는 것이기도 한데, 그렇게 잠에 빠져 지내다가 어느 순간 깨닫는다. 내가 움직이지 않으면 나에게 아무 일도 일어나지 않는다는 것을. 그리고 스스로 묻는다. 계속 이렇게 해도 될까? 나는 이제 뭘 해야 하지?

가르치지 않는 학교에서
스스로 배운다

벤자민학교는 '5무 학교'로 불린다. 교실, 교과목 수업, 숙제, 시험, 성적표가 없어서 붙은 이름이다. 벤자민학교에서는 교실에서 수업 시간표에 따라 교과목 공부를 하고 숙제를 내고 시험을 보고 성적표를 받는 평가 중심의 교과과정을 완전히 없애고, 체험 위주의 인성교육 과정을 실시한다. 인성교육 과정은 온라인과 오프라인 커리큘럼으로 통합 관리하는데, 모든 활동의 목표는 학생 스스로 세우게 되어 있다. 학교는 학생이 생활 관리와 학습 관리를 자기 주도적으로 해나갈 수 있도록 지원하는 역할을 한다. 주 2회 뇌교육 기반의 체험적 인성교육 수업과 토론 수업, 월 1회 워크숍, 연 1회 글로벌 리더십 지구시민 캠프 등은 인성을 깨우고 진로를 찾는 과정이다. 학생들은 양방향 화상교육과 스마트 러닝 시스템을 통해 연간 100시간의 인성영재 기본 역량 과정을 온라인으로 이수하게 된다. 이밖에 외국어, 음악, 미술, 운동, 컴퓨터, 각종 기술 자격증 등 자신이 원하는 활동을 스스로 선택해서 진행할 수 있다.

자신이 원하는 활동을 마음껏 할 수 있게 하는 벤자민학교에도 꼭 수행해야 하는 과정이 몇 가지 있다. 대표적인 것이 '벤자민 프로젝트'와 '직업 체험 활동'이다. 벤자민 프로젝트는 학생 스스로 기획하는 도전 과제로서 인성 계발에서 가장 비중이 크다. 프로젝트 주

체험 위주의 인성교육 과정을 통해 스스로 배우는 벤자민인성영재학교 학생들

제나 기간에는 제약이 없다. 하나의 프로젝트를 1년 동안 진행하기
도 하고, 단기 프로젝트 여러 개를 동시에 진행할 수도 있다. 학생들
은 처음에는 뭘 해야 할지 몰라서 고민하고, 해 보지 않은 것을 한다
는 두려움에 시작을 망설이기도 하지만, 어렵게 도전한 만큼 벤자
민 프로젝트를 통해 가장 큰 변화와 성장을 체험한다.

　벤자민 프로젝트 못지않게 학생들이 용기를 내어 도전하는 과제
는 직업 체험 활동이다. 주로 시간제로 일하는 아르바이트 형식인
데, 벤자민학교에서는 학생들이 일정 기간 반드시 아르바이트를 경
험하게 한다. 교사와 멘토, 부모와 지역사회가 협조하여 미성년 학
생이 시간제로 안전하게 일할 곳을 찾고, 학생과 함께 업장의 대표

를 만나 아르바이트가 교육과정의 하나임을 알린다.

첫 아르바이트는 대개 실패로 끝난다. 몸으로 부대끼며 겪는 실패는 건강한 좌절감을 안긴다. 이는 시험 성적이 주는 좌절과는 다르다. 건강한 좌절감을 경험해본 사람은 이후에 인생에서 겪게 될 여러 형태의 실패에 힘 있게 대처할 수 있다. 실패와 좌절을 차단하는 과잉보호에서 벗어나 처음 해보는 아르바이트는 좌절감부터 성취감까지 여러 감정의 롤러코스터를 경험하게 하면서 짧은 시간에 부쩍 성장할 수 있는 환경이 되어 준다.

벤자민 프로젝트와 직업 체험 활동은 아이 스스로 하는 공부다. 벤자민학교는 가르치지 않고, 아이 스스로 배우게 한다. 아이들은 본래 자신이 접하는 모든 것에서 배우게 되어 있으므로 아이들이 건강하게 배움을 체득할 수 있도록 환경을 만들어주고 길을 터주는 역할을 할 뿐이다. 그런 환경에서 아이들은 저마다 창의적인 기질을 키우며 활기차게 성장할 것이라고 믿는다.

벤자민학교 아이들이 실제로 어떤 체험을 하고, 어떻게 변화하며 성장하는지 학생들로부터 직접 들어본다.

어렵고 힘든 일들이 많았지만,
해낼 수 없는 일은 없었다　　_김재호

몇 년 동안 우울증을 앓았다. 내가 우울증을 겪는 건 부모님 때문이라고 생각했다. 아무것도 하고 싶지 않았고, 아무것도 나아지지 않을 것 같았다. 공부 때문에 죽고 싶다는 생각만 점점 커졌다. 실제로 시도도 해보려고 했는데, 공부 때문에 죽는다는 게 억울하기도 했고, 잘못한 것 없이 내가 왜 죽어야 하나 하는 생각으로 버텼다.

공부는 완전히 포기한 상태였고 중학교 때는 일진하고 어울리기도 했다. 고등학교에 올라가서는 상담센터에 다니면서 우울증 치료를 받기 시작했다. 상담하면서 증세는 차츰 나아졌지만 이후에도 뭔가 하고 싶은 마음은 생기지 않았다. 공부는 너무 싫었고, 공부 아닌 다른 것은 뭘 해야 할지 몰랐다. 학교에서는 멍 때리고 있거나 그냥 잠자면서 시간을 보냈다.

학원 원장인 엄마는 그렇게 지내느니 자퇴하고 영어공부 해서 유학을 가라고 하셨다. 나도 학교에 다니는 게 괴로워서 엄마 말대로 할 생각이었다. 그런데 엄마가 새로운 제안을 하셨다. 벤자민학교라는 데가 있는데, 어차피 몇 년 놀았고 지금 바로 가고 싶은 곳도 없으니까 이 학교에 다녀보는 게 어떻겠냐는 것이었다. 별 생각 없

미국 서부 세도나시에서 열린 '글로벌 리더십 지구시민 캠프'에 참가한 김재호 학생(왼쪽에서 두 번째). 웅장한 자연을 체험하면서 자연에 대한 고마움과 미안함을 느꼈다고 한다.

던 나는 그렇게 벤자민학교에 오게 됐다.

벤자민학교에서는 모임 때마다 앞에 나가서 이야기를 해야 할 때가 많았다. 이전에는 앞에 나가서 발표를 해 본 적이 없었기 때문에 앞에 서서 말하는 게 무척 긴장됐다. 온몸을 부들부들 떨면서 더듬더듬 겨우 몇 마디 하고 들어오곤 했다.

자신감이 없었기 때문에 생각도 항상 부정적이었다. 다른 아이들이 벤자민 프로젝트를 같이 하자고 하면 난 그런 거 못 할 것 같다고 하면서 거절하고 빠졌다. 프로젝트를 시작하지 못하는 나를 친구들과 선생님은 포기하지 않고 계속 격려하면서 기다려주었다. 나를 믿고 응원해 주는 사람들이 있다는 게 무척 낯설면서도 마음에 힘이 됐다.

팀으로 하는 단기 프로젝트에 참여하는 것을 시작으로 1년 동안 나는 기억도 다 못 할 만큼 많은 프로젝트를 수행했다. 어렵고 힘든 일이 많았지만 내가 해낼 수 없는 일은 없었다. 프로젝트 경험이 쌓이면서 새로운 것을 마주할 때의 두려움이 줄고, 문제해결에 집중하는 나를 보았다. 친구들의 영향도 컸다. 경쟁하지 않고 서로 도우면서 열정적으로 프로젝트를 해나가는 친구들이 좋았고, 그런 친구들과 함께할 수 있다는 것이 좋았다. 오래도록 무겁고 불안했던 마음이 편안해졌다. 그리고 나 자신이 이제는 그렇게 싫지 않았다.

가장 크게 달라진 것은 부모님에 대한 생각이다. 엄마 아빠는 날 미워하고 그래서 내가 우울증에 걸린 거라고 생각했는데, 부모님도 내가 첫 아이여서 어떻게 키워야 할지 잘 몰랐던 것일 뿐, 날 많이 사랑하신다는 것을 알았다. 나를 보며 오래도록 마음 아파하신 부모님께 이제는 나도 사랑한다고 말할 수 있게 되었다.

벤자민학교에 다니면서 이전과는 비교할 수 없이 다양한 경험을 했고, 그때마다 새롭게 배우고 느낀 것이 많았다. 그 중에 제일 기억에 남는 것은 '글로벌 리더십 지구시민 캠프'이다. 미국 서부 사막지대에서 열흘간 웅장한 자연을 체험하면서 자연에 대한 고마움과 미안함을 크게 느꼈다. 지구시민 캠프에 다녀온 이후 나 자신을 자연의 일부로 인식하게 되었고, 환경에 대해서도 관심을 갖게 됐다.

벤자민학교에 와서 가장 크게 바뀐 것은 쉽게 포기하지 않고 긍정적인 마인드로 도전하게 됐다는 점이다. 졸업 후에는 검정고시를 보고 항공 스튜어드 과정을 준비할 생각이다. 외국에 나가서 먼저 승무원 관련 공부를 하고 2년 뒤에 다시 국내 대학으로 와서 전공 공부를 마친 다음 스튜어드가 되고 싶다. 1년 전만 해도 나에게 이런 꿈이 생긴다는 것은 상상할 수 없는 일이었다.

보호관찰 대상자에서 또래 강사가 되다 _배형준

학교에는 거의 가지 않았다. 가출도 몇 번 했고, 어울려 다니던 애들하고 사고 쳐서 재판을 받은 이후에 보호관찰 대상자가 됐다. 재판받을 때 담임 선생님과 주변의 여러 분들이 탄원서를 써 주셨다. 문제아, 반항아, 불량 청소년으로 낙인찍힌 나를 위해 여러 사람이 그렇게 애써준 것이 무척 감사했고, '내가 너무 막살고 있었구나' 하는 생각이 들었다.

엄마는 일 때문에 바빠서 집에 없는 시간이 많았다. 내가 친구들하고 어울리면서 자꾸 문제를 일으키니까 엄마는 환경을 바꿔줘야겠다고 생각하고 벤자민학교를 권하셨다. 나도 더 이상 이렇게 살고 싶지 않았기 때문에 벤자민학교가 어떤 학교인지 잘 몰랐지만 엄마의 권유를 따랐다.

벤자민학교에 가기로 결정하고 나서, 이전과 다른 생활을 하려면 뭔가 준비를 해야겠다는 생각이 들었다. 뭘 하지 고민하다가 생활 습관부터 바꾸기 위해 하루에 열다섯 번의 알람을 맞췄다. 알람이 울리면 그때마다 운동을 하거나 계획해 놓은 활동을 했다. 그렇게 2주 정도 하고 벤자민학교에 입학했다.

벤자민학교에서의 생활은 정말 새로웠다. 이전에는 결코 하지 않았을 것들을 나도 모르게 받아들였는데, 그렇게 이끄는 분위기 같은 게 있었다. 예를 들면, 나는 사람들 앞에서 춤추는 걸 굉장히 싫어했다. 특히 해맑게 웃으면서 명랑하게 춤추는 모습은 상상하기도 싫을 만큼 끔찍한 일이었다. 그런데 팀을 이뤄 다 같이 춤을 춰야 하는 상황이 왔을 때 '이거 하나 못 하면 뭘 바꾸겠나' 싶어서 그냥 두 눈 질끈 감고 해버렸다. 그렇게 몇 번 하자 상황이 완전히 달라졌다. 춤추는 게 너무 신나고, 사람들이 박수를 보내주면 짜릿하면서 기분이 무척 좋았다. 사람들 앞에 서는 것에 대한 자신감도 생겼다.

매월 워크숍 때면 앞에 나가서 발표를 해야 했는데, 그 시간도 점차 즐길 수 있게 됐다. 마이크 잡고 얘기하는 게 재미있었다. 이야기를 머리로 생각해서 말하는 것과 가슴에서 우러나오는 느낌대로 말하는 것이 얼마나 다른지도 알았다. 워크숍 전에는 집에서 발표 연습을 했다. 내 생활과 느낌에 대해 이야기하다 보니 평소에 생활할

경찰의 보호관찰 대상자였으나 벤자민학교에 온 이후 자신의 도전 스토리를 알리는 강사로
활동하는 배형준 학생

때도 생각을 점점 더 하게 되는 것 같았다. 발표하는 게 재미있어서
연습을 많이 했고, 그러다 보니 발표 기회도 조금씩 늘었다. 하고 싶
은 이야기들도 많아졌다. 무대에 서는 걸 생각하면 가슴이 설렐 정
도로 좋아졌을 즈음 나는 강연자가 되어야겠다는 생각을 했다.

청년모험가 이동진 멘토(한계에 도전하는 자기변화 프로젝트로 '대한민
국 인재상'을 수상한 탐험가)의 초청 특강은 그런 내게 큰 자극이 되었
다. 지금까지 누구를 닮고 싶다는 생각을 해 본 적이 없는데 그날 이
동진 멘토를 내 마음속 깊이 롤 모델로 삼았다. 이동진 멘토의 이야
기를 들으며 나도 한계에 도전하며 내 인생 스토리를 만들고 싶다
는 생각이 강하게 들었다.

먼저 하프 마라톤으로 도전을 시작했다. 20킬로미터도 무척 힘들었지만 포기란 없다는 각오로 끝까지 달렸다. 그 다음 도전은 국토종주. 계획을 세우고 차근차근 준비해서 도전했지만 지옥의 코스로 불리는 백두대간 이화령 고개 7킬로미터를 자전거로 넘을 때는 정말 죽을 것 같았다. 그러나 포기하지 않았다. 포기하지 않고 목표에 집중하는 힘이 커지고 있고, 그런 만큼 앞으로도 도전은 계속될 것이다.

벤자민학교에서는 주위 사람들이 항상 응원과 격려를 해준다. 히키코모리였던 친구는 '어디서도 받아보지 못한 응원과 격려를 이곳에서 받았다'고 했다. 나 역시 주변의 응원과 격려 덕분에 달라질 수 있었다고 생각한다. 내가 만약 이전 학교에서 하프 마라톤을 하겠다고 했다면 아이들이 전부 '형준이가 못 한다'에 자기 집 족보나 재산을 걸며 내기를 했을 거다. 그런 부정적인 환경에서 도전을 결심한다 할지라도 얼마 못 가 '에잇, 피씨방이나 가자' 하고 만다. 그러나 벤자민학교에서는 도전을 결심한 것 자체를 잘했다 칭찬하고, 끝까지 할 수 있도록 모두가 응원을 해준다, '너는 해낼 수 있을 거야' 하는 이야기를 계속 듣다 보면 어느 순간 끝까지 한번 해보자는 결심을 굳히게 된다. 하프 마라톤과 국토종주도 그 덕분에 해낼 수 있었다. 환경이 나에게 미치는 영향이 정말 크다는 것을 그때 느꼈다. 나를 항상 응원해 주고, 뭐든 할 수 있는 사람이라는 격려를 받다 보니 그 응원과 격려가 내 안에 쌓이면서 정말 큰 힘이 되었다.

다른 친구들도 도전 프로젝트를 달성했다는 소식을 연이어 들으면서 나는 나 자신을 더 강하게 단련하고 싶은 마음이 들었다. 하프 마라톤을 할 때 앞으로 다시는 두 다리로 죽어라 뛰는 건 안 하겠다 했는데, 결국 풀코스 마라톤에 도전했다. 풀코스 마라톤을 완주한 다음에는 호주 대륙 종단에 도전했다. 총 4천 킬로미터를 자전거로 매일 100킬로미터 이상 달려서 37일 만에 완주하는 목표를 세웠고, 계획한 대로 목표를 달성했다. 종단의 끝 지점인 멜버른에 도착했을 때, 지금의 나는 벤자민학교에 처음 왔을 때의 나와 확연히 달라져 있음을 스스로 실감했다.

경찰이 주시하는 보호관찰 대상자였던 나는 이제 경찰서가 주관하는 행사에 초청받는 강사가 되었다. 한번은 대학생과 보호관찰 대상 학생들이 멘토와 멘티 관계를 맺는 자리에서 강연을 하게 됐는데 예전에 나와 같이 보호관찰받던 친구가 그곳에 와 있었다. 벤자민학교가 아니었으면 나도 저 친구와 함께 앉아 있었겠구나 하는 생각이 들면서 벤자민학교에서의 시간을 새삼 돌이켜보게 된 순간이었다.

이런 나를 보고 '사람이 저렇게 바뀔 수 있구나' 하고 많은 이들이 벤자민학교에 관심을 가져 주면 좋겠다. 이전 학교의 친구들은 노는 얘기, 담배, 술, 알바 얘기가 대부분이었는데, 벤자민학교 친구들은 자신의 미래에 대해서 이야기한다. 이렇게 하고 싶은데 어떻게 해야 그걸 이룰 수 있을까 하는 식의 이야기들을 늘 듣다 보면

풀코스 마라톤을 완주한 다음, 호주 대륙 종단에 도전해 총 4천 킬로미터를 자전거로 달렸다.

나도 내 미래에 대해 생각하게 된다. 벤자민학교를 마치면 검정고
시를 준비하면서 한계에 도전하는 프로젝트를 계속 더 해보고 싶
다. 나의 도전을 다른 학생들에게 이야기해주고, 그 이야기를 통해
희망을 전할 수 있으면 좋겠다.

　벤자민학교에서의 경험은 불가능해 보이던 변화를 가능하게 했
다. 또한 목표가 있을 때 그것을 끝까지 해낼 수 있는 힘이 내 안에
서 발휘된다는 것을 알게 해주었다.

드론으로 꿈을 향해 날아오르다

_천승주

어릴 때부터 운동을 했고, 현재 태권도 4단이다. 몸 쓰는 걸 무척 좋아하는데 학교에서는 온종일 공부하느라 앉아 있고, 학교 끝나면 또 학원으로 가야 하는 생활이 너무 답답했다. 내가 학교생활을 좀 더 활동적으로 할 수 있기를 바랐던 부모님은 대안학교들을 알아보고 그 중에 꽤 유명한 기숙형 대안학교를 권하셨다. 동아리 활동을 많이 하고 스스로 연구 주제를 정해서 논문도 내는, 무척 멋져 보이는 학교였다. 나는 새로운 생활을 꿈꾸며 학교를 옮기기로 결심했다. 그런데 막상 입학해서 생활해 보니 규율이 너무 엄하고 체벌도 잦았다. 자신이 관심 있는 걸 연구한다고 했는데 실제로는 학교에서 정해주는 것을 따라야 했다.

학교에서 정한 규율을 벗어나면 안 되고, 뭐든 자신이 더 잘해서 앞서려고 하는 경쟁적인 분위기도 강했다. 나는 또 숨이 막혀왔다. 감옥 같은 학교생활을 견디는 사이 성격도 변하는 것 같았다. 활기가 사라지고, 부정적인 생각을 많이 하고, 점점 아무것도 하기 싫어졌다. 더 이상은 안 되겠다고 생각했지만 그동안 어려운 과정을 거쳐 여기까지 왔는데 또다시 부모님께 못 하겠다는 말을 하려니 입이 떨어지지 않았다. 그러다가 결국 더 버티지 못하고 여기서 나가고 싶다는 말씀을 드렸고, 부모님은 고심 끝에 다른 학교를 알아보자고 하셨다.

얼마 후 엄마는 아빠 친구분이 소개하셨다면서 벤자민학교 얘기를 들려주셨다. 아빠 친구분은 아들 둘을 이 학교에 보냈고, 자신이 원하는 것을 할 수 있는 학교라고 하셨다. 인터넷 검색을 해보니 학생들의 활동을 담은 영상과 기사가 많이 올라와 있었다. 적극적으로 도전하고 체험하며 꿈을 찾아가는 모습들을 보면서 나도 그렇게 하고 싶다는 생각이 강하게 들었다.

벤자민학교로 편입해서 처음에는 조용히 지냈다. 혼자 있는 시간이 많았고, 일없이 뒹굴뒹굴하면서 내가 어떤 사람인지, 원하는 게 뭔지 생각해 보았다. 나는 약한 사람을 보면 도와주고 싶은 마음이 든다. 그러려면 내가 우선 강한 사람이 되어야 한다고 생각해서 태권도를 열심히 했다. 경찰관이 되면 좋겠다는 생각도 했다. 사람들을 돕는 멋진 여성 경찰관!

그러자 드론이 떠올랐다. 이전 학교에서 선생님들이 드론 날리는 것을 본 적이 있는데, 재미있어 보여서 드론에 관해 알아보니 앞으로 경찰 수사에 드론을 많이 활용하게 될 거라고 했다. 드론을 배워 둬야겠다는 생각이 들었다. 드론 조종 국가자격증에 도전하기는 나의 벤자민 프로젝트가 되었다.

한국항공대학교에서 시행하는 자격증 과정에 등록하고 공부와

드론조종 국가 자격증을 취득해 역대 최연소 합격자가 된 천승주 학생

훈련을 시작했다. 그런데 문제가 있었다. 집에서 항공대까지 너무 멀어서 새벽에 나간다 해도 훈련시간을 맞추기가 어려웠다. 그래서 항공대 총장님께 편지를 썼다. 사정을 말씀드리고, 자격증 시험을 볼 때까지 학교 기숙사를 이용할 수 있으면 좋겠다는 내용의 편지였다. 될지 안 될지 알 수 없었지만 일단 문을 두드려 본 것인데 다행히 총장님이 허락하셔서 기숙사에 들어가게 되었다.

필기시험 공부는 기계 작동원리에 대한 부분이 많아서 꽤 어려웠다. 경찰이 되는 데 도움이 될 거라는 생각으로 열심히 공부했고, 필기시험을 무사히 통과했다. 한여름 내내 드론 훈련 과정도 빠짐없이 이수하여 실기시험도 한 번에 합격했다.

내가 드론조종 자격증을 땄다는 소식은 언론사 뉴스 기사가 됐다. 우리나라에서 드론조종 자격증 제도가 시행된 이후 최연소 합격자가 나왔기 때문이라고 했다. 기자와 인터뷰하면서 얼떨떨하기도 하고 내가 좀 자랑스럽기도 했다.

경찰은 이제 정말 내 꿈이 되었다. 경찰이 실제로 어떤 일을 하는지, 내게 잘 맞는 직업인지 알아보기 위해 1박 2일 군인 병영체험도 해보았다. 현직 경찰관을 멘토로 만나 경찰서에 가보고, 경찰이 하는 일에 대해서 알아보기도 했다.

벤자민학교 친구들이 하는 프로젝트를 보면서 다른 분야에도 조금씩 관심을 가지고 이런저런 활동들을 해나갔다. 그중 특히 탈북 아이들이 다니는 한벗학교에 갔을 때의 일이 기억에 많이 남는다. 우리가 아이들에게 뭘 하려고 하면 아이들이 정색을 하고 우리를 거부했다. 그런 모습을 보면서 나도 하기 싫은 마음이 막 올라왔지만 꾹 누르고 계속 할 일을 찾아서 했다. 우리가 뭐든 도움이 되면 좋겠다는 마음이었는데 어떻게 해야 하는 건지는 미처 몰랐던 것 같다. 그럼에도 시간이 지나면서 아이들이 차츰 우리에게 마음을 열어줬고, 나중에는 함께 어울려 웃고 춤추며 즐거운 시간을 보낼 수 있었다. 그때의 경험은 내가 먼저 마음을 열고 그 마음을 지키는 것이 중요하다는 것을 알게 해주었다.

벤자민학교에 온 이후로 뭔가 하고 싶은 것들이 생기면서 하루하루가 즐겁다. 오늘은 이거 해야지, 내일은 저거 해야지 계획하고 작은 일이라도 해내고 나면 행복한 기분이 든다. 엄마는 내가 예전에는 쉽게 포기하고 화도 잘 냈는데, 요즘에는 참으면서 끝까지 해보려고 노력하는 모습이 많이 보여서 기특하다고 하신다.

벤자민학교를 졸업하면 고등학교에 진학하거나 외국으로 유학을 갈 계획이다. 캐나다 밴쿠버의 한 명문고에 입학원서를 내고 입학 허가를 받았는데, 그때 문득 벤자민학교에 다니는 동안 국토종주를 해보지 못했다는 생각이 들었다. 그 아쉬움에 벤자민학교를 1년 더 다니고 싶은 마음이 들 만큼 벤자민학교에서의 1년은 짧고도 정말 알찬 시간이었다. 그 1년의 경험이 자존감을 무너뜨렸던 이전의 기억과 습관들을 지우고 새롭게 시작할 수 있는 마음의 힘을 키워 주었다. 벤자민학교에서 발견한 내 안의 무한동력을 믿고 앞으로 어떤 상황에서든 쉬 포기하지 않고 최선을 다할 것이다.

마음의 피난처였던 노래, 이제는 꿈을 노래한다 _ 허재범

중학교 2학년 때 키가 180센티미터였다. 덩치가 크고 공부 잘하는 모범생은 아니고 하니까 지역의 한 용역업체에서 나를 데려가 일을 시켰다. 이름하여 조직에 스카우트를 당한 거다. 미성년자여서 잔심부름 정도의 일을 하다가 고1 때 그곳을 나오게 되었다. 내 노래 때문이었다. 어느 날 업체 회식에 갔다가 노래를 부르게 됐는데, 그 자리에 있던 한 형님이 노래를 마친 나를 밖으로 데리고 나가더니 다짜고짜 욕을 퍼부으며 말했다. "너 여기서 당장 나가. 이런 데 엮이지 말고 나가서 노래를 배워." 그러고는 내가 다시는 그곳에 발을 들이지 못하게 했다.

3년여 만에 나는 평범한 학생으로 돌아갔다. 하지만 내가 뭘 적극적으로 해볼 수 있는 환경은 아니었다. 아버지는 안 계셨고 엄마 혼자 일하는 상황에서 내가 노래하는 게 좋다고 대뜸 가수가 되겠다고 할 수는 없었다. 5년 전, 아버지는 자신이 뜻하는 삶을 살기 위해 집을 떠났다. 여느 날보다 일찍 퇴근해서 집에 온 아버지는 내게 라면 한 그릇을 끓여주시고는 '아빠 간다' 하고 나갔고, 그 뒤 돌아오지 않았다. 아버지가 그렇게 떠나고 좌절감이 컸지만, 다시 돌아오리라는 기대는 하지 않았다. 포기하는 편이 견디기에 더 나았다.

노래도 잊어버리고 아무 생각 없이 학교에 다니고 있던 어느 날, 아버지에게 전화가 왔다. 5년 만이었다. 아버지는 내가 용역업체에 들어갔던 걸 알고 계셨고, 내가 그런 길로 빠지게 된 게 아버지 때문이라고 하셨다. 그러곤 벤자민학교 얘기를 꺼내셨다. 처음 들어본 학교였다. "재범아, 벤자민학교에 가라. 그 학교에 가면 네가 하고 싶은 음악을 할 수 있다." 통화 이후에 아버지를 만났고, 우리는 울고 웃으며 많은 이야기를 나눴다. 아버지와 얘기하면서 조금씩 벤자민학교에 가고 싶은 마음이 생겼다. 학교가 나를 받아줄지는 알 수 없었지만, 내가 나에게 기회를 주고 싶었다.

다행히 벤자민학교도 내게 기회를 주었다. 새 학교에서 새로운 친구들을 만났고, 그 친구들 중에서 나처럼 음악을 좋아하는 친구들과 뭉쳤다. 우리는 '아련새길'이라는 이름으로 팀을 만들고 콘서트 프로젝트를 기획했다. 아련새길은 어리고 아름답게 새 길을 개척해 나가자는 뜻이다. 서울을 비롯해 몇 개 도시에서 공연을 하기로 했다. 목표를 정하긴 했지만 무엇부터 해야 할지 깜깜했다. 우선 콘서트를 할 돈을 마련하는 게 큰 일이었는데, 이동진 멘토님이 크라우드 펀딩 사이트인 '와디즈'에 아련새길 프로젝트를 올려 보라는 도움말을 주셨다. 펀딩 지원은 완전 생소한 일이었지만 우리는 날마다 의논해가면서 온라인 플랫폼에 프로젝트를 올렸고, 목표한 금액 100만 원을 단 3일 만에 달성할 수 있었다.

아련새길 프로젝트를 보고 언론사에서 인터뷰 요청을 해오기도 했다. 기자를 만나 인터뷰를 하고 사진을 찍고 그게 신문 기사로 나온 걸 보면서 정말 공연을 잘 해야겠다는 마음이 들었다. 아련새길 멤버들은 가수, 공연 연출자, 무대 기획자, 사진작가를 꿈꾸는 열여섯부터 열여덟 살의 학생들이다. 경험은 없지만 꿈에 대한 열정으로 재정, 홍보, 무대 기획, 연출 등 공연의 모든 준비를 우리들 힘으

노래하기를 즐기는 허재범 학생(오른쪽)은 벤자민학교 친구들과 함께 '아련새길'이라는
공연팀을 만들어 콘서트를 열었다.

로 해냈다. 서로 의견이 달라서 다투기도 하고 너무 힘들어서 포기
해야 하나 고민한 순간도 있었지만, 다들 프로젝트를 꼭 해내고 싶
다는 마음으로 끝까지 자신의 책임을 다했다. 나는 힘들 때마다 나
자신에게 '도망치지 말자'고 말하며 버텼다. 프로젝트를 하면서 정
말 많은 것을 느꼈고, 친구들도 각자 자기 상황에서 성장 체험을 한
것 같았다.

벤자민학교에서의 생활은 변화의 연속이었다. 욱하면 손이 먼저
나가는 나쁜 습관을 고쳤고, 잘못 하면 바로 사과하는 힘을 길렀다.
입학할 때의 몸무게가 120킬로그램이었는데 석 달 만에 35킬로그
램을 감량하고 이후로 계속 관리를 하고 있다. 살이 빠지니까 목소

리가 더 깨끗하게 나오고 음색도 달라진 듯하다. 이전에는 목소리
에 슬프고 우중충한 느낌이 있었는데 요즘에는 밝아졌다는 얘기를
많이 듣는다.

벤자민학교 이전에 노래는 내게 피난처였고, 순간을 버텨내는 힘
이었다. 할 수 있는 것이 노래밖에 없었다. 가수 임재범의 '비상'이
라는 노래를 듣고 가사가 마음에 깊이 와 닿아서 나도 날개를 펴고
날아오르겠다는 마음으로 계속 노래 연습을 했다. 엄마는 내가 '비
상'을 부를 때 눈물을 흘리셨다.

이제 노래에 대한 새로운 꿈을 꾼다. 노래로 영혼을 깨우는 가수
가 되는 것이 이제부터의 내 꿈이다.

오랜 무력감에서 벗어나 도전 체험을 즐기다

_김권우

초등학교 2학년 때, 학교를 마치고 집에 와서 내 방에 들어선 순간,
평생 잊을 수 없는 장면을 봤다. 이모가 내 방에 있었는데, 눈을 감
은 채 숨을 쉬지 않았다. 스스로 생을 마감한 이모의 마지막 모습을
본 이후로 나는 점점 무기력한 상태가 되어 갔다. 공부도, 다른 어떤

것도 할 마음이 들지 않았고 아무도 만나고 싶지 않았다. 그 무렵 아빠는 사업에 문제가 생겨 가족과 떨어져 지내야 했고, 엄마는 이모가 떠난 몇 달 뒤에 암수술을 하셨다. 나는 가족 중에 누군가를 또 잃을지 모른다는 두려움에 빠졌다. 의사는 내가 우울증이라고 했다. 하지만 내가 어떻게 해야 우울증에서 벗어날 수 있는지는 아무도 모르는 것 같았다.

중학생이 돼도 달라지는 건 없었다. 학교에서는 거의 말을 하지 않았고, 학교에 오가는 것 외에는 늘 집에만 있었다. 그렇게 방 안에 틀어박혀 지내던 어느 날, 엄마 친구 한 분이 내게 텃밭농사 일을 해보지 않겠냐고 하셨다. 늘 그랬듯 하기 싫은 마음이 앞섰지만 뭔가 이유를 대며 거절하기가 어려워서 일단 해보겠다고 했다. 60평 정도의 땅에 고구마, 고추, 쌈채소 같은 작물들을 심고 틈틈이 물을 주거나 잎을 따거나 열매를 거두는 일이 시작됐다.

몸을 움직여서 일을 해보기는 처음이었다. 햇볕을 쬐고 흙냄새를 맡으며 땀 흘려 일하고 나면 어쩐지 마음이 편안해졌다. 일을 할수록 몸에 힘이 붙고, 식물들이 자라서 잎이 무성해지고 열매를 맺는 모습을 보는 것이 무척 기분 좋은 일이라는 것을 알게 됐다. 부모님께 말씀 드려 40평 정도를 더 빌려서 총 100여 평의 땅에 작물을 심고 거의 혼자서 텃밭을 돌봤다. 학교 끝나면 바로 밭으로 달려갔고, 주말에는 밭에서 한나절을 보냈다. 처음에는 징그러워서 쳐다보기도 싫던 지렁이가 나중에는 같이 일하는 동료처럼 반가웠다. 지렁

체력을 기르고 자신감을 키우기 위해 하프 마라톤부터 시작해 철인3종경기를 완주한
김권우 학생(오른쪽)

이가 땅을 부드럽게 해서 작물이 더 잘 자라게 해준다는 것을 알았
기 때문이다.

우울 증세는 점차 가벼워졌다. 하지만 자신감은 여전히 바닥이었
고, 공부에 아무런 흥미를 느끼지 못했다. 난독증이 있어서 책을 읽
는 데도 어려움을 겪었다. 이런 상태로 학교생활을 계속하는 것은
모두에게 괴로움을 더하는 일이었다. 그렇다고 무작정 학교를 그만
둘 수도 없었다. 학교를 다닐 수도 안 다닐 수도 없는 상황에서 부모
님은 대안학교를 알아보셨다. 어느 날 '네가 다닐 학교니까 네가 결
정해라' 하시면서 한 대안학교 캠프에 날 보내셨다. 벤자민학교 입
학 요건 중의 하나인 사전 캠프였다.

등 떠밀려 간 캠프에서 난 역시나 아무 생각 없이 앉아 있었다. 그런데 학교 설명을 듣던 중에 한순간 머릿속이 번쩍하면서 '여기가 아니면 안 되겠다'는 생각이 들었다. 그런 확신은 이전에 한 번도 경험해보지 못한 느낌이었다. 누구도 기대하지 않은 일이지만, 나는 부모님의 바람대로 내가 다닐 학교를 단번에 결정했다.

벤자민학교에서는 생전 처음 겪는 일들의 연속이었다. 친구들에게 내가 지내온 이야기를 하고, 함께 의논하면서 프로젝트를 진행하고, 선생님의 무한한 격려를 받으며 내가 원하는 것이 무엇인지 나 자신에게 물으며 답을 찾아가는 시간이었다.

해답을 금방 찾을 수는 없었다. 무기력하게 지나온 시간이 길었던 만큼 나의 꿈을 찾기까지는 많은 시간이 필요할 것 같았다. 그러다가 꿈을 찾기 위해서는 체력을 먼저 길러야겠다는 생각을 하게 됐다. 나는 한눈에 약골로 보일 만큼 마른 체형이고, 이전에 운동에 관심을 가져본 적도 없었다. 하프 마라톤부터 도전했다. 별다른 준비를 하지 않고 참가한 첫 대회에서 무척 힘들었지만 그래도 포기하지 않고 완주했다. 다음 목표는 트라이애슬론, 흔히 말하는 철인3종경기였다. 트라이애슬론은 수영, 사이클, 마라톤 세 종목을 연이어 해내야 하는 경기여서 매우 강한 체력이 필요하다. 체력도 체력이지만 나는 수영도 할 줄 몰랐고 자전거도 없었다. 장비를 갖추고 몇 달 동안 훈련하면서 경기에 나갈 준비를 하는 데 필요한 비용부터 마련해야 하는 상황이었다.

부모님을 더 힘들게 하고 싶지 않아서 모든 준비를 나 스스로 하겠다고 마음먹고 팔굽혀펴기와 달리기로 체력단련을 시작했다. 비용을 마련하기 위해 주변에 내 프로젝트를 알리는 일도 적극적으로 했다. 주변 분들께 철인3종경기 도전 계획을 말씀드리면 모두 귀 기울여 들어주시고 응원과 지원을 아끼지 않으셨다. 그 분들의 도움으로 자전거를 구입해서 매일 40킬로미터 이상 달리고, 자전거 동호회에 가입해서 주말에는 장거리 코스를 달렸다. 아르바이트 수입으로 새벽에는 수영을 배우고, 틈틈이 달리기 연습을 했다. 대회 준비를 하는 동안 팔굽혀펴기는 10개에서 70개로 늘었다.

이렇게 5개월 동안 준비해서 마침내 전국트라이애슬론대회에 출전했다. 경기 종목은 수영 750미터, 사이클 20킬로미터, 달리기 5킬로미터 구간이었다. 경기 당일 이른 새벽에 잠이 깼는데, 밤새 긴장한 탓에 온몸이 아프고 체한 것처럼 속이 답답했다. 엄마가 몸을 계속 마사지해주고 손을 꼭 잡아주었다. 다행히 몸이 따뜻해지면서 조금씩 편안해졌다.

경기는 고등부 수영 종목부터 시작됐다. 출전한 선수들이 자리싸움을 하는 사이에 물을 많이 먹어서 금방 숨이 찼다. 호수 중간쯤 왔을 때 시야가 흐려지면서 페이스는 더 흐트러졌다. 구조대원들이 다가와서 '다음에 다시 도전하자'고 했다. 하지만 여기서 포기하고 싶지는 않았다. 100미터만 더 가보겠다고 했고, 그렇게 100미터, 100미터씩 가다 보니 점차 페이스가 돌아왔다. 기운이 다시 살아나고 자신감이 붙으면서 무사히 수영을 완주했다. 처음에 상황이 좋지 않았음에도 기록이 평소보다 두 배나 단축되었다. 이어서 자전거를 타고 달릴 때도 다리에 쥐가 나고 비까지 와서 힘들었지만 끝까지 달렸다. 거리에서 파이팅을 외쳐준 시민들의 응원이 정말 큰 힘이 되었다. 마지막 코스인 5킬로미터 마라톤. 이전에 마라톤 하프 코스를 완주한 경험이 있어서 자신 있었지만 엄청난 피로감이 몰려오면서 다리가 너무 무거웠다. 숨이 턱까지 차올랐지만 조금만 더 달리면 완주한다고 스스로 격려하면서 마침내 결승선을 통과했다. 철인3종경기 완주라는, 이전에는 정말 상상도 할 수 없던 일을 내가 해냈다는 사실이 스스로 믿기지 않았다.

이후에도 도전은 계속되었다. 대전에서 통영까지 270킬로미터 자전거 국토종주와 미국 사막지대 여행을 무사히 마쳤다. 선생님의 권유로 전국학생인성스피치대회에 참가해서 인기상을 받았고, 대한민국 청소년 행복올림피아드에서 내 이야기를 담은 동영상으로 최우수상인 꿈나눔상을 받기도 했다.

스피치대회에 참가해보라는 권유를 처음 받았을 때는 못 한다고 도망갔지만, 나중에는 잘하든 못하든 그냥 경험해보자는 마음을 먹고 사람들 앞에서 말하는 연습을 계속 했다. 한계는 정해져 있는 것이 아니다. 내가 만드는 것이다. 한계를 넘어 도전하는 경험이 내 몸과 마음의 힘을 튼튼하게 키워준다는 것을 알았다. 앞으로도 도전은 계속될 것이다.

한 명의 학생과 함께한 1년의 모의학교 실험 이후
벤자민인성영재학교의 문을 열고 1기 모집을 시작했다.
모의학교 과정은 벤자민학교 교육과정의 뼈대가 되었다.
스스로 자신의 1년을 계획하고, 자발적으로 프로젝트를
수행하며, 멘토단을 구성하고, 반드시 아르바이트를
한다는 벤자민학교의 특성이 그렇게 해서 만들어졌다.

없는 게 많은 학교여서
행복한 아이들

우리나라 최초의 고교 완전자유학년제 학교

'이런 학교는 우리 아니면
아무도 못 하겠구나'

'지금의 교육은 학생들이 자율적으로 생각하는 것을 극히 어렵게 만들고, 남들과 똑같이 순응하며 살게 만듭니다. (중략) 그 과정에서 불만은 억누르게 되고, 자발성은 사라지고, 두려움이 자리잡기 시작합니다. 그 두려움이 삶에 대한 진정한 이해를 가로막습니다.' 인도의 철학자 지두 크리슈나무르티가 《교육을 말하다》라는 자신의 책에서 한 말이다. 책이 쓰인 것은 60여 년 전이나, 오늘날 우리 교육에 대한 비평으로 읽어도 여전히 유효하다.

자발성을 없애고 두려움을 키우는 환경에서 벗어나 벤자민학교를 선택한 아이들의 이야기를 앞 장에서 들었다. 이전과는 다른 경험을 하며 스스로 자신의 스토리를 만들어 가는 아이들의 한 걸음

한 걸음이 참으로 소중하다. 어릴 적 나는 공책에 필기를 서너 줄 이상은 못할 정도로 심각한 집중력장애를 겪었다. 당시 담임 선생님은 내 생활기록부에 '이 학생은 가능성이 없습니다'라고 적었다. 오죽했으면 선생님이 학생에게 그런 절망적인 선고를 내렸을까.

도무지 공부를 할 수 없음에도 학교에 매일 가야 하는 고역을 견디게 한 것은 운동이었다. 특히 태권도를 좋아해서 날마다 빠짐없이 열심히 했다. 땀 흘리며 운동을 하고 나면 답답했던 마음이 풀리고 어깨가 펴졌다. 초등학교 교감이셨던 아버지는 늘 보잘것없는 성적표를 내미는 아들에게 '넌 대기만성형이다' 하셨다. 당신 자신에게 건네는 위로이자 딱한 아들에게 주는 격려였으리라.

대기만성형인 아들은 대학에 두 차례 연거푸 떨어졌다. 처량한 삼수생이 되어 하릴없이 동네 길을 걷던 어느 날, 다리 밑에 높게 쌓인 쓰레기 더미가 눈에 들어왔다. 가던 걸음을 멈추고, 오래도록 방치되어 악취를 풍기며 썩어가는 시커먼 더미를 물끄러미 바라보았다. 세상에서 가장 쓸모없는 그것에 나 자신의 모습이 겹쳐 보였다. 순간 뱃속에서 뭔가가 울컥 치받았다. 더는 이렇게 살면 안 된다는 내 안의 호통이었다.

그 즉시 집으로 가서 지게와 삽을 챙겨 들고 다리 밑의 쓰레기를 치우기 시작했다. 가까운 산자락에 구덩이를 파고 지게로 쓰레기를 날라 메웠다. 몇날 며칠 무겁게 지게를 지고 오가니 어깨에 굵은 피멍이 들었다. 쓰레기로 구덩이를 다 메우고 흙을 덮은 자리에는 호박씨를 뿌렸다.

그 해 여름, 쓰레기를 묻은 산자락 공터는 풍성한 호박 밭이 됐다. 주렁주렁 영근 호박을 이웃들과 나누며 나는 흡사 연금술사가 된 듯 아주 낯설면서도 뿌듯한 긍지를 느꼈다. 쓰레기가 쓰레기로 끝나지 않고 거름으로 쓰인 것처럼, 모든 것에 '가치'가 깃들어 있다는 깨달음은 내게 큰 위안이자 힘이 되었다. 가치는 정해져 있거나 누가 부여하는 것이 아니라 스스로 발견하고 창조하는 것임을 몸으로 터득한 귀중한 체험이었다.

얼마 뒤 나는 태권도장을 열었다. 책임져야 하는 일을 벌이는 것이 두려웠지만, 정신 차리고 나의 길을 가기로 결심했으니 걸음마를 시작한 아이처럼 용기를 내어 발을 떼야 했다. 도장을 운영하면서 생활비와 학비를 마련하고, 대학에도 진학했다. 그때 이후로 30여 년의 세월이 흘러 나는 대학 설립자이자 총장이 되었다. 집중력 장애로 학교생활에 적응하지 못했던 학생이 훗날 대학 총장이 되었으니, 아버지께서 대기만성형이라고 해주신 격려의 말이 씨가 되어 기대를 실현하지 않았나 하는 생각을 해본다.

돌이켜보면 쓰레기 밭에 호박 농사를 지은 경험은 나의 가치를 발견하는 계기가 되었고, 이는 내 인생의 결정적 순간이었다. 자신의 가치를 아는 사람은 누가 뭐라든 자신이 믿는 바를 실천하며 창조적으로 삶을 개척해 나간다. 반면 자신의 가치를 깨닫지 못하면 뛰어난 재능이 있는 사람이라 할지라도 자신에게 긍지를 갖고 스스로 만족하는 삶을 사는 데는 실패할 수 있다. 자긍심과 자족감 없이는 행복에 이를 수 없다. 자신의 가치를 스스로 어떻게 판단하느냐에 따라 인생 스토리가 완전히 달라지는 것이다.

자기 가치를 발견하는 일의 중요함을 알고 우리 주변을 둘러보면 안타까운 실상이 얼마나 많은지 알게 된다. 가장 안타깝고 애가 타는 부분은 교육이다. 아이들이 자신의 가치를 발견하도록 도와야 하는 교육이 오히려 그 반대의 일을 하고 있어서다. 이는 명백히 개인을 망치고 사회의 미래를 어둡게 하는 위험천만한 상황이다. 모든 생명은 가치가 있고, 그 가치는 존중받고 지켜져야 하며, 가치를 실현하며 살 수 있도록 환경을 만드는 것이 모든 제도의 의무이다. 특히 교육의 책무가 가장 크다. 가치를 살리는 교육이 굳건히 중심을 잡으면, 사회의 미비한 제도나 다른 문제점들은 가치를 기준으로 해결해 나가면 된다. 그런데 교육이 그 기능을 수행하지 않으면 결국 사회 문제를 해결할 동력이 사라지게 되고, 사람의 가치가 아닌 다른 힘이 그 사회의 중심을 차지하게 된다.

사람의 가치를 살리고 교육의 본질을 되찾기 위해 내가 한 일은 학교를 세우는 것이었다. 오래도록 연구한 뇌교육을 기반으로 2003년에 국제뇌교육종합대학원대학교, 2010년에 글로벌사이버대학교를 개교하고, 2014년 벤자민인성영재학교의 문을 열었다. 학문적인 연구를 전문으로 하는 대학원도 필요하고, 누구나 공부할 수 있는 사이버대학도 필요했지만, 청소년을 위한 학교가 매우 시급했다. 바

사람의 가치를 살리고 교육의 본질을 되찾기 위해 2003년 국제뇌교육종합대학원대학교, 2010년 글로벌사이버대학교, 2014년 벤자민인성영재학교의 문을 열었다.

로 시작할 수 있는 학교의 형태는 비인가 대안학교였다.

벤자민학교를 개교하기 전에 나는 모의학교를 먼저 시범 운영해 보기로 했다. 교사는 나 한 사람이었고, 유일한 교사로서 직접 학생을 찾아 나섰다. 나의 첫 번째 학생이 되어준 이는 지역 명문고교에 3년 장학금을 받고 입학한 전이화라는 학생이었다. 공부를 아주 잘하는 학생인데 공부 말고는 다른 활동이나 사람에게 관심이 없는 편이고 표정이 어두울 때가 많다는 이야기를 전해 듣고 그 학생의 부모님을 찾아갔다. 부모님을 만나 이화가 앞으로 3년 공부해서 명문대에 진학하는 것보다 지금 시기에 인성영재 과정을 경험하는 것이 이화의 인생을 위해 더 값진 선택이 될 것이라는 말씀을 간곡하게 드렸다. "명문대에 간다고 해서 남다른 인생이 보장되는 것은 아니지 않는가. 인성을 깨워서 사람들과의 관계라든지 정서적인 문제를 풀어나가고, 자신이 원하는 것이 무엇인지 스스로 찾으면 더 진취적으로 자신의 진로를 개척해 나갈 수 있다. 이화가 인성영재 과정을 통해 그렇게 성장하도록 기회를 주시면 좋겠다"고 하자 부모님은 이화를 어떻게 지도할 것인지를 내게 물었다. 나는 "학교에 보내지 않고, 공부하라고 하지도 않을 거다. 그동안 공부를 잘한다는 이유로 학교에서도 집에서도 아이의 다른 문제를 건드리지 않았는데 스스로 무엇이 문제인지 보게 해주고, 그럼으로써 자신의 진짜 가치를 알게 해주겠다. 성적으로 매기는 가치가 아니라 한 인간으로서의 가치를 아는 인성영재가 되도록 돕겠다"고 했다.

그렇게 몇 번의 만남 끝에 부모님이 용기를 내어 내 제안을 받아 주셨고, 마침내 나와 이화의 1대 1 모의학교가 시작됐다. 학교에 다니지 않게 되었기 때문에 이화는 1년 동안의 계획을 스스로 세워야 했다. 네가 네 인생의 프로젝트 매니저라고 얘기해 주었고, 계획을 세우고 실행하는 데 도움이 필요하면 멘토를 연결해 주겠다고 했다. 나와 인연이 있는 사람들 중에 멘토 역할을 충실히 할 사람이 많았고, 실제로 이화는 필요한 때에 여러 멘토의 도움을 받을 수 있었다.

이화는 영어, 중국어, 수영, 합기도를 하겠다는 계획을 세웠고, 나는 이화에게 한 가지 룰을 제시했다. 이제부터 부모님 돈으로 학원에 다니는 건 안 되니 최대한 인터넷으로 배울 수 있는 것은 배우고, 아르바이트를 해서 스스로 용돈을 마련해야 한다는 것이었다. 이화의 부모님은 음식점을 운영하시는데, 딸에게 공부만 열심히 하면 되니까 식당에 와서 일하지 말라고 했었다. 나는 부모님의 일도 돕도록 했다. 이화는 여러 개의 아르바이트를 해서 학원비와 용돈을 스스로 마련했다. 친구와 가족 관계에서 때때로 어려움을 겪었던 이화는 아르바이트 하는 매장의 매니저로부터 잘한다는 칭찬을 받으며 열심히 일했고, 힘들게 일하시는 부모님께 선물도 사 드리며 자신의 마음을 표현했다.

미국 세도나에서 열리는 글로벌 리더십 지구시민 캠프에 참여한 경험은 이화의 시야를 더 넓혀 주었고, 자신의 미래에 대한 포부와 자신감을 갖게 해주었다. 자신이 계획한 일들을 하면서 검정고시로 고교 과정을 마친 이화는 이후에 내가 있는 뉴질랜드 얼스빌리지에서 자원봉사자로 일한 경험이 계기가 되어 뉴질랜드 오클랜드대학에 진학했다. 잘 성장하여 인성영재 0기 모델이 된 이화와 나를 믿어주신 부모님에게 나는 감사의 뜻으로 장학금을 선물했다.

한 명의 학생과 함께한 1년의 모의학교 실험 이후 벤자민인성영재학교의 문을 열고 1기 모집을 시작했다. 모의학교 과정은 벤자민학교 교육과정의 뼈대가 되었다. 스스로 자신의 1년을 계획하고, 자발적으로 프로젝트를 수행하며, 멘토단을 구성하고, 반드시 아르바이트를 한다는 벤자민학교의 특성이 그렇게 해서 만들어졌다.

벤자민학교가 우리나라 최초의 고교 완전자유학년제 학교로 출발하는 데는 많은 준비가 필요했지만 그 중에서도 가장 신중하게 결정할 일은 교장 선임이었다. 누구에게 비인가 대안학교의 초대 교장이라는 어려운 자리를 맡길 것인가. 고심 중에 마침내 책임을 다할 사람을 만났다. 지금의 김나옥 교장이다. 김 교장은 28년간 교육부에서 교육정책을 담당한 교육 전문가이다. 교육정책 분야의 일을 하면서 학교 현장에 대해 누구보다 잘 알고 있고, 숱한 장애와 한계에도 교육에 대한 사명감을 굳건하게 지켜온 교육자이다. 김 교장은 벤자민학교가 우리 교육의 미래를 위해 더없이 값진 본보기가 될 것이라는 확신을 갖고 개교를 위한 험난한 과정을 책임졌다.

그가 벤자민학교를 준비한다는 소식을 들은 교육부의 옛 동료들과 주변의 교육 전문가들은 하나같이 그건 너무 위험해서 안 될 일이라는 반응을 보였다고 한다. 고등학교 입학을 1년 유예하거나 다니던 고등학교를 자퇴하고 비인가 대안학교에 가겠다는 학생이 몇이나 되겠느냐, 학생 관리에도 변수가 많을 텐데 그런 상황을 학교가 책임질 수 있겠냐는 염려였다. 김 교장은 주변의 반대 의견을 들으면서 '이런 학교는 우리 아니면 정말 아무도 못 하겠구나. 잘 해서 꼭 성공시켜야겠다'고 결심했다 한다. 이 같은 신념으로 김 교장은 학교의 모든 일을 살피며 그 무거운 운영의 책임을 다하고 있다.

서울대 총장을 하신 이수성 전 국무총리께서도 벤자민학교 설립 취지에 크게 공감하여 개교 때부터 명예 이사장으로서 많은 도움을

벤자민인성영재학교는 우리나라 최초로 고교 완전자유학년제를 채택했다.

주셨다. 학생들과 만나는 자리에서 늘 벤자민학교에 입학한 용기 있는 선택을 칭찬하시며 "하늘과 땅, 사람을 이롭게 하는 홍익철학이 가장 높은 철학이니 홍익정신으로 우리 사회의 지도자가 돼라"고 격려해 주신다.

벤자민학교의 첫해 입학생은 27명이었고, 이후 해마다 수백 명의 신입생이 들어온다. 학교라는 틀에 몸과 마음을 끼워 맞추느라 숨이 답답했던 아이들은 벤자민학교에서 자유롭게 꿈을 찾아 달려 나간다. 벤자민학교는 학교라는 틀을 최대한 만들지 않기 위해 교실, 교과목 수업, 숙제, 시험, 성적표를 없앴다. 없는 게 많은 벤자민학교에서 아이들은 자기 자신을 회복하고, 스스로 채우며 성장해 간다.

아이들이 변화하고 성장하는 모습을 보면서 이전에 안 될 일이라고 했던 분들도 지금은 아이들의 멘토로 활동하면서 아낌없는 응원을 보내주고 있다.

고등학교 과정에 완전자유학년제를 처음으로 도입하다

벤자민인성영재학교는 우리나라 최초의 고교 완전자유학년제 학교이다. 중학교 과정에는 2016년부터 '자유학기제'가 도입되어 현재 전국의 3천여 개 중학교에서 시행되고 있고, 2019년부터는 '자유학년제' 형태로 일부 학교에서 시행하다가 점차 확대해 나가겠다는 교육부 발표가 있었다. 고등학교 과정에 자유학년제를 도입한 사례는 벤자민학교가 유일하다.

우리나라 교육부에서 규정한 자유학년제란 해당 기간에 중간고사나 기말고사 같은 시험을 보지 않고, 학생 참여형 수업과 다양한 체험 활동을 포함한 학생 중심의 교육과정을 운영하는 제도를 말한다. 적성과 진로 탐색 위주의 체험 활동이나 예술, 체육, 동아리 활동이 중심이 된다. 시험으로 평가하지는 않지만 교과 공부는 계속하며, 수업방식을 토론, 문제 해결, 실험, 실습 위주로 재구성하도록 권장한다.

자유학년제는 아직 시행 초기인 만큼 취지를 살리기 어렵게 하는 여건들이 계속 드러나고 있다. 프로그램의 부재, 대도시와 소도시 간의 프로그램 편차, 예산 분배의 불합리성, 생활지도의 어려움, 학력 저하를 우려하는 학부모들의 인식, 자유학년제 다음 학기의 수업 적응 문제 등 자유학년제 정착의 걸림돌로 지목되는 문제점들이 적지 않다. 입시제도와 기존의 학교 틀은 그대로 두고 새 제도만 적용하려다 보니 현장에서 겪는 어려움이 클 것이다. 그러나 교육청과 학교, 교사와 부모, 지역사회까지 모두 협력하여 문제 해결에 나선다면 자유학년제가 지식과 경쟁 중심의 학교 교육을 바꿔가는 균형추 역할을 해낼 수 있을 것이라 믿는다.

일찌감치 자유학년제를 도입한 외국의 여러 선례를 살펴보면 참고할 점이 보인다. 아일랜드의 '전환학년제'는 벤자민학교와 가까운 형태라고 할 수 있다. 전환학년제는 우리나라 중학교 과정에 해당하는 주니어 과정을 마치고 시니어 과정에 들어가기 전 1년 동안 지역사회에서 직업을 경험해 보는 프로그램이다. 이 기간에 학생들은 학업을 중단하고 전담 코디네이터와 진로를 의논한다. 전환학년제의 목표는 학생의 흥미와 재능을 살리고 잠재력을 키우는 것이다. 아일랜드 정부는 전환학년제가 학생들의 자기 주도적 학습 능력과 문제해결 능력을 향상시키고, 직업 선택에도 실질적인 도움을 주고 있다고 평가한다. 농업에 의존하던 유럽의 변방 국가가 지금의 IT강국을 이룬 데는 40년 가까이 이어온 전환학년제를 통해 주체적으로 자신의 진로를 개척하는 인재가 양성되었기 때문이라는 평가가 나오기도 한다.

아이가 주체적인 삶을 살 수 있도록 교육환경을 조성하는 일은 미래를 위해 매우 중요하다. 우리나라는 마치 아이가 자립심을 가질까봐 염려하는 것으로 보일 만큼 부모와 교사가 나서서 자립심 기를 기회를 박탈하고 있다. 자립할 기회를 갖지 못한 아이는 부모가 원하는 대학, 부모가 원하는 직업을 선택하고 나중에서야 후회한다. 이는 개인에게 불행한 일일 뿐 아니라 사회적으로도 손실이다. 지금까지의 사회는 학벌과 직장이 안정된 생활을 보장해 주었지만, 코앞으로 다가온 4차 산업혁명 시대에는 더 이상 유효하지 않을 가능성이 크다. 미래 사회에는 자신의 진로를 스스로 개척하는 능력이 인재의 요건이 될 것이다.

아일랜드의 전환학년제도 입시경쟁이 치열하던 시기에 나왔는데, 정부에서 아이들에게 1년 동안 공부를 시키지 말자고 하자 학부모들의 반대가 매우 심했다. 처음에는 몇 개 학교에서 시범적으로 운영했고, 시범 프로그램에 참여한 학생들이 그렇지 않은 학생들보다 성적이 더 향상되는 결과가 나온 이후에야 공교육에 도입할 수 있었다.

아일랜드의 사례를 보고 다른 나라에서도 이를 응용한 제도를 시행하고 있다. 덴마크의 '애프터스콜레' 과정도 그 중 하나다. 6개월에서 1년 동안 일반 필수과목 외에 축구, 무용, 공연, 승마, 청소년 창업, 시민의식 과정 등을 제공하는 이 프로그램이 호응을 얻자 성인을 대상으로 하는 애프터스콜레도 생겼다. 자신의 삶을 돌아보고 재충전할 수 있는 제도를 만들었다는 점에서 덴마크가 세계에서 가장 행복 지수가 높은 나라로 꼽히는 것에 수긍이 간다.

실제로 2017년에 열린 한국 – 덴마크 교육 국제 세미나에서 덴마크가 세계 최고 수준의 행복 지수와 소득을 가진 비결이 다양한 형태의 자유학교 시스템 속에서 공동체의식을 키우기 때문이라는 발표가 있었다. 이 자리에서 덴마크의 자유학교 '프리스콜레' 협회장은 "덴마크 학교 시스템은 측정할 수 없는 가치 위에 세워졌다. 자유학교의 교육은 용기, 협력, 민주적 책무성, 합의, 다양성 존중, 책임, 해방, 창조성, 혁신과 같은 가치 실현을 목표로 한다. 이러한 가치는 시험의 압박과 평가 가능한 교육으로 인해 위협받고 있다"면서 "우리의 목표는 아이들이 조화로운 사회의 일원으로 가능한 한 깊이 있고 행복하게 성장하도록 하는 것"이라고 말했다.

다음 발제자로 나온 애프터스콜레의 교감은 학교를 소개하면서 학교의 가장 큰 특징으로 교사와 학생의 관계를 꼽았다. 애프터스콜레의 교사들은 학생과 매우 친밀한 관계를 맺음으로써 학생들을 독립적이고 성숙하게 하는 환경을 만들어내고 있으며, "교사는 지식을 전달하는 것에서 그치지 않고 가능한 한 최상의 방법으로 학생들을 안내하기 위해 개인적으로 그리고 사회적으로 학생들에게 필요한 것을 감지할 수 있어야 한다"고 덧붙였다. 이 같은 교사의 덕목은 벤자민학교 교사들이 그야말로 혼신의 힘을 다해 실천하는 부분이다. 아이가 이불 속에서 나오도록 함께 등산을 다니고, 안전하게 일할 수 있는 아르바이트 자리를 마련하기 위해 지역사회의 연결망을 넓히고, 멘토를 찾아 연결하고, 아이들의 프로젝트를 살피면서 아이가 변화하고 성장하는 지점을 놓치지 않기 위해 집중한다. 최상의 방법으로 아이들을 안내하기 위해 학생에게 필요한 것을 감지하고 실행하는 능력은 우리 벤자민학교 선생님들이 세계 최고 수준이라고 나는 확신한다.

스웨덴의 '프라오'나 영국의 '갭이어'도 전환학년제와 비슷한 프로그램이다. 장년에 주어지는 안식년처럼, 청소년기에 자기 자신을 돌아보고 새로운 비전을 찾는 시간을 갖게 하는 제도이다.

벤자민학교의 자유학년제는 고등학교 1학년 과정에 해당한다. 중학교 1학년 시기보다는 자신의 진로에 대해 좀 더 진지하고 구체적으로 생각해 볼 수 있는 열일곱 살 무렵에 자유학년제를 경험하는 것이 시기적으로는 더 적합하다고 본다. 현행 자유학기제가 본보기로 삼은 아일랜드 전환학년제도 고등학교 1학년을 대상으로 한다.

벤자민학교는 현재 비인가 대안학교이기 때문에 자유학년제 과정을 학년 이수로 인정하지는 않는다. 따라서 벤자민학교를 마치고 고등학교로 복학하는 경우 휴학 또는 자퇴한 학년으로 돌아가야 한다. 또래보다 1년 뒤처졌다는 생각에 아이도 부모도 불안할 수 있지만, 사실 따져 보면 우리나라 학생들 중에 고등학교를 마치고 대학에 바로 진학하거나, 대학 졸업과 함께 바로 취업하는 경우가 얼마나 되는가. 자신이 원하는 대학에 가기 위해 재수 삼수를 하고, 대학 졸업을 일부러 늦추며 취업 준비를 하는 것도 예삿일이 되었다. 졸업 후에 취업시험 공부를 수년씩 하는 경우도 흔하다. 청년기에 1년 빠르고 늦고는 그리 중요한 일이 아니라는 얘기다.

본격적으로 진로 탐색을 시작하는 고등학교 1학년 시기에 휴지기를 갖는 것은 인생의 매우 중요한 기회임에 틀림없다. 십대 중반, 뇌세포가 제멋대로 요동치는 중학 시절을 지나 열일곱 살의 1년을 온전히 자신의 시간으로 누리며 꿈을 탐색하는 것은 얼마나 대단한 행운인가.

벤자민학교는 우리의 소중한 아이들에게 이 행운의 시간을 선물한다. 우리나라의 모든 아이들이 이 시간을 선물 받는다면 우리 사회는 좀 더 큰 행운을 기대해도 좋을 것이다. 더 건강하고 더 창의적인 인재들을 얻을 것이므로.

자신의 가치를 아는 사람이 인성영재

1년 동안 변화하고 성장하며 꿈을 탐색하는 벤자민학교의 교육과정을 궁금해 하는 이들이 많다. 특히 교육 분야에서 일하는 전문가들은 일목요연하게 정리된 커리큘럼을 보고 싶어 한다. 벤자민학교의 교육과정은 매년 '교육 계획서'라는 이름으로 발간된다. 그러나 이 책자를 본다고 해서 벤자민학교에서 일어나는 변화의 실체를 알 수는 없다. 예를 들어, 몸이 아파서 약을 먹고 병이 나았다면 약이 병을 치료한 것인가? 아니다. 약효가 나타나도록 몸의 자연치유력이 작동하여 전체 균형을 조절함으로써 병증이 사라지고 건강이 회복되는 것이다. 자연치유력이 떨어지면 아무리 강력한 특효약을 쓴다 해도 병을 낫게 할 수는 없다.

교육의 기능도 이와 같다. 아이에게 적절한 교육 프로그램을 처방하고 적용할 수 있지만, 프로그램이 아이를 바꾸는 것은 아니다. 프로그램의 효능이 나타나도록 아이 안의 인성이 호응하며 깨어나 주어야 변화를 기대할 수 있다. 교육과정의 가치는 프로그램에 있는 것이 아니라, 프로그램을 실행하는 교사의 의식, 프로그램을 수용하는 학생의 의식에 전적으로 달려 있다. 의식이 변화를 이끌어 내는 것, 이것이 벤자민학교 교육의 실체다.

벤자민학교 교육과정의 중추는 '뇌교육'이다. 뇌교육은 20여 년 전부터 유아, 어린이, 청소년, 성인에 이르는 전 연령층에 다양한 프로그램 형태로 적용해 왔고, 그에 따른 연구가 축적되면서 뇌교육을 기반으로 하는 사이버 대학과 전문 대학원을 설립하여 지속적인 연구 노력을 기울이고 있다. 벤자민학교는 뇌교육을 부분적인 과외 활동이 아닌, 전 시간 활동으로 구성하여 적용한다.

뇌교육의 핵심은 '체험'이다. 교사가 학생에게 가르쳐서 전달하는 지식 콘텐츠가 아니라, 학생이 자신의 몸으로 터득하는 감각이고 지혜라 할 수 있다. 몸과 뇌는 하나의 신경 네트워크를 이루고 있기 때문에 몸을 움직이면 뇌에 자극이 가고, 몸이 변화하면 뇌의 의식 작용도 그에 따라 달라진다.

몸에서 의식으로 가는 과정이 뇌교육에서 말하는 체험이다. 몸을 통해 깨우친 것은 근육세포와 신경세포에 깊이 각인되어 오래도록 기억된다. 수영이나 자전거 타기를 한 번 배워두면 아주 오랜만에 하더라도 능숙하게 할 수 있는 것과 같다. 그와 같은 체험이 가능하도록 몸과 뇌의 신경망이 작동하는 원리를 바탕으로 아이들에게 어떤 체험 환경을 줄 것인지 연구하고, 이를 구체적인 커리큘럼으로 구성한다.

뇌교육은 이렇듯 체율체득體律體得의 원리에서 방법론을 찾는다. 뇌교육이라는 용어에서 뇌에 집중한 콘텐츠일 것이라고 짐작하기 쉬운데, 뇌교육의 모든 프로그램은 몸에서 시작한다. 이는 뇌교육의 목표가 '인간' 그 자체인 데서 비롯한 특성이다. 교육의 이름으로 행해지는 일방적인 틀에 맞춰 왜곡되지 않은 인간 본연의 덕성을 살리고, 그럼으로써 자유롭게 창조성을 발휘하여 자신의 가치를 실현하는 것이 뇌교육이 목표로 하는 인간상이다.

벤자민학교 이름에 '인성영재'가 들어간 것도 같은 이유에서다. 뇌교육이 목표로 하는 인간상의 청소년 시기를 인성영재라고 지칭

벤자민학교 교육과정의 중추인 뇌교육은 체험을 매우 중시한다. 물구나무서서 걷는
'벤자민 12단' 같은 프로그램을 통해 학생들은 체력과 자신감을 기른다.

했다. 따라서 인성영재란 자신의 가치를 발견하고, 그 가치를 실현
하는 사람이라고 정의할 수 있다. 벤자민학교가 인성영재의 기본
덕목으로 삼은 것은 집중력, 인내력, 창조력, 책임감, 포용력이다. 뇌
교육으로 이 다섯 가지 품성을 깨우고, 이를 바탕으로 뇌활용을 통
합적으로 잘 하는 감각을 키우는 것이 인성영재 과정이다.

창조성은 미래 인재의 핵심 능력

지금 세상은 물질문명이 낳은 '인간성 상실'의 시대를 속수무책으로 지나 '인성 복제'의 시대로 접어들고 있다. 인공지능과 로봇 산업의 부상과 함께 금방이라도 들이닥칠 듯 소란스러운 4차 산업혁명에 대한 이야기다. 다가오고 있는 큰 변혁의 물결이 세상을 어떻게 바꿔놓을지, 우리의 삶을 휩쓸어 가버리지는 않을지, 불안과 기대가 뒤섞인 전망이 넘쳐난다.

인공지능과 로봇 분야는 이미 인간의 일부 기능을 대체하는 수준의 연구개발 성과를 내고 있고, 기술의 진척은 더욱 속도를 올릴 것이다. 그렇다면 우리가 지금 상상하는 미래가 현실이 된 이후에도 인간에게 인간 고유의 것으로 남을 기능은 무엇일까? 그마저 끝내 지켜질 거라는 보장은 할 수 없지만, 가장 유력한 기능은 '창조성'이지 않을까. 물론 현재의 인공지능 기술로 노래를 만들고 소설을 쓰는 것도 가능하다. 인공지능은 학습 능력이 있으므로 앞으로 더 놀라운 수준의 창작력을 선보일 가능성이 크다. 그러나 인간의 창조성에는 한계가 없다는 사실에 우선은 기대어 본다. 어쩌면 인공지능 기술을 활용해 지금으로서는 상상할 수 없는 수준의 창의를 발휘할지도 모른다.

인간은 진화를 거듭하는 동안 모든 동물 중에서 몸집에 비해 가장 큰 뇌를 갖게 되었다. 인간의 뇌가 폭발적으로 커지게 된 진화적

미래 인재의 핵심 능력인 창조성은 사회성과 연결된다. 협력과 배려를 배우는 '마시멜로 게임'에 열중한 학생들

사건으로는 크게 두 가지를 꼽는다. 직립보행과 화식火食. 두 발로 직립하게 되면서 손이 자유로워지고 더 넓은 시야를 확보하게 되자 도구를 이용한 사냥이 용이해졌고, 이는 인간의 생존력뿐 아니라 지능을 크게 높이는 요인이 되었다. 또한 불에 고기나 열매를 익혀 먹기 시작하면서 먹을 수 있는 종류가 크게 늘고, 조리법이 다양해 짐에 따라 뇌가 감각하고 인지하는 기능이 점점 더 정교하게 발달 해갔다. 이 같은 진화적 사건과 관련된 뇌 기능의 발달은 점차 생존 이상의 욕구를 지향했다. 때로는 생존에 위협이 되더라도 더 나아 가고자 하는 욕구가 인간에게는 내재돼 있으니, 결과에 개의치 않 고 탐구 자체에 몰입하는 뇌의 특성을 '창조성'의 영역에서 이해할

수 있다고 본다.

4차 산업혁명과 관련한 논의에서 미래 인재와 창조성에 대한 언급이 빠지지 않는 이유도 여기에 있다. 인공지능과 로봇이 인간의 영역을 대체한 세상에서 인간은 무엇을 할 것인가 하는 물음에 검은 하늘의 디스토피아를 떠올릴 수도 있겠지만, 인류 역사상 인간의 창조적 속성을 가장 집중적으로 발휘하는 시대가 도래한다는 기대를 가져볼 수도 있지 않을까.

그렇다면 '창조성'을 어떻게 끌어낼 것인가 생각해 보아야 한다. 창조적인 인재를 어떻게 양성할 것인가, 창조성을 중심으로 공교육 체제를 어떻게 개편할 것인가, 기업은 구성원들의 창의를 어떻게 이끌어낼 것인가, 사회는 창조적 능력의 가치를 어떻게 대우할 것인가 하는 문제가 우리 앞에 던져졌다. 이는 경쟁적이고 권위적인 특성이 강한 우리나라 시스템 속에서 해법을 찾기 어려운 문제이다. 그러나 이 문제를 풀지 않으면 우리에게 미래가 없다고 할 만큼 매우 급박하고 중요한 과제임이 분명하다.

여기서 우리가 다시 한 번 짚어야 할 창조성의 핵심이 있다. 창조성은 천재만의 재능이 아니라 인간 누구나 지닌 자질이라는 점이다. 특출한 개인의 창조적 능력이 인류 역사에 뚜렷한 발자취를 남겼다면, 앞으로의 사회에서 더 중요한 것은 개개인의 창조성을 키우고 보장하는 것이다. 창조성이 사회를 유지하고 발전시키는 원동력이 될 것이기 때문이다.

창조성의 또 다른 핵심은 사회성과 연결된다는 점이다. 인간의 뇌 속에 엄청나게 복잡한 신경회로가 가득한 이유는 인간이 관계 속에 존재하기 때문이다. 관계를 떠나는 것은 불가능하다. 무인도에 혼자 산다 할지라도 자연과의 교류는 지속된다. 독방에 갇혀 있다 해도 자신의 내면과 교류하고 신과 관계 맺을 수 있다. 어떤 식으로든 인간은 관계 속에서 자기 자신을 인식하고 세상을 이해하고 반응한다. 창조성은 그 관계에 대한 반응이다. 관계에서 오는 자극이 없다면 창조성은 작동하기 어려울 것이다. 관계의 성격에 따라 창조성은 커지기도 하고 억압되기도 한다. 지금까지 우리 사회에서는 창조성을 개인의 특정 능력으로 인식하는 경우가 많았다. 창조성이 사회성과 어떻게 연결되어 작동하는지를 파악하고, 이를 바탕으로 교육 제도나 기업의 인재개발 방안을 마련해야 한다고 본다.

창조성이 깨어나면 재능이 빛을 발한다

개인이 창조성을 가장 잘 발휘할 수 있는 요건은 첫째, 자기 자신을 있는 그대로 인정하는 자신감이 있어야 한다. 스스로 자신을 믿지 않으면 창조성은 결코 작동하지 않는다. 둘째, 자신을 둘러싸고 있는 여러 형태의 관계를 관찰하고 대상과 소통하는 능력을 길러야 한다. 이것이 사회성인데, 사회성이란 사회가 관습적으로 요구하는

인성영재의 자질을 대표하는 기본 덕목은 집중력, 인내력, 창조력, 책임감, 포용력이다.

원만한 자질을 일컫는 것이 아니다. 자신의 개별성을 지키면서 대상과 소통하는 주체적 교류 능력을 뜻한다. 셋째, 나와 연결된 관계를 세계와 지구, 우주까지 넓혀서 볼 수 있는 인식의 확장이 필요하다. 나와 가장 가까운 나 자신과의 관계를 회복하면 이를 중심으로 동심원이 퍼지듯 서서히 인식의 확장이 일어난다. 확장된 인식에서 통찰력이 나오고, 통찰력은 더 큰 창조력을 이끌어낸다.

자신감, 소통 능력, 인식 확장. 이 세 가지 요건을 아울러 큰 의미에서의 사회성이라고 할 수 있다. 이와 같은 사회성이 바탕이 될 때 창조성은 힘을 얻는다. 벤자민인성영재학교의 다섯 가지 기본 덕목(집중력, 인내력, 창조력, 책임감, 포용력) 가운데 대표 덕목을 하나 꼽는다면 그것은 '창조력'이다. 그 외 다른 덕목들은 창조력을 키우는 데 필요한 자질이라고 볼 수 있다. 벤자민학교의 모든 프로그램은 아이들의 창조성을 깨우는 데 집중되어 있다. 아이들은 모두 저마다의 재능을 타고나며, 재능은 창조성과 함께 눈을 뜬다. 창조력이 커질수록 재능은 더 빛을 발한다. 재능 자체에는 우열이 있을 수 없고, 어떤 재능이든 창조적으로 발휘될 수 있도록 돕는 것이 교육의 가장 중요한 역할이라고 우리는 믿는다. 이는 미래 사회에 가장 부합하는 교육 모델로서의 신념이기도 하다.

자신의 가치를 실현하는 삶이란 어느 시대에나 가장 궁극적인 목표이다. 더구나 시스템의 크나큰 변혁을 예고하는 미래 사회에서 '자기 가치 실현'은 개인의 삶을 더 첨예하게 가르는 코드가 될 것이다. 벤자민학교는 아이들이 자신의 가치를 발견하고 그것을 실현하는 체험을 해볼 수 있도록 모든 교육과정을 이에 집중시킨다. 교사와 멘토는 아이와 일대 일의 관계를 맺고 가치를 체험할 수 있는 환경이 되어주고자 힘쓴다. 이렇게 1년을 보낸 아이들은 자신의 가치와 삶의 가치에 관한 이야기를 나누는 것에 익숙해진다. 아이들이 아직은 가치에 대해 충분히 체험하고 이해하지 못한다 해도 그것은 아쉬운 일이 아니다. 가치를 주제로 생각하고 토론하고, 작게라도 경험해보는 그 자체가 매우 중요한 의미를 갖는다. 청소년 시기의 이 같은 경험은 몸과 뇌에 각인되어 앞으로 성인으로서 맞닥뜨리게 될 숱한 선택의 순간에 결정적 영향을 미칠 수 있다.

학교의 다섯 가지 틀을 없앤 '5무 학교'

수능에서 만점을 받은 학생들에게 공부 비법이 무엇인지를 물었다. 그들은 모두 '문제를 반복해서 푸는 것'이라고 똑같이 답했다. 그렇게 문제 풀이 공부를 하면서 사고력이 향상되기는 하는데, 들이는 노력에 비하면 터무니없이 효율이 떨어지는 일이라는 말도 덧붙였다. 그걸 알면서도 그렇게 할 수밖에 없는 상황이 무척 답답했다고 한다. 만점자 중 한 명은 '고등학교 때 했던 공부가 너무 싫었다'면서 '배움에 대한 교류 없이 평가원이 요구하는 정답만 찾아가는 건 바른 공부법이 아니라고 생각한다'고 했다.

인공지능 시대에는 단순한 지식 축적이 더 이상 의미 없는 일인 줄 알면서도 학교에서 가르치고 시험 보는 방식은 조금도 바뀌지 않고 있다. 외워서 정답을 맞히는 방식으로는 공부를 잘하나 못하나 아이의 재능을 살리지 못하기는 매한가지다.

벤자민학교의 인성영재 프로그램을 준비하면서 우리가 제일 먼저 했던 것은 벤자민학교에서 하지 않을 것이 무엇인지를 정하는 것이었다. 우리는 다섯 가지를 하지 않기로 했다. 교실을 만들지 않는다, 교과목을 가르치는 수업을 하지 않는다, 교사가 일방적으로 숙제를 내지 않는다, 시험을 보지 않는다, 성적에 따라 등수를 매기지 않는다. 이 때문에 나중에 '5무 학교'라는 별칭이 붙었다.

아이들을 동상처럼 앉혀놓는 교실을 우리는 만들지 않기로 했다.

교실에서 힘겹게 버텼던 아이들을 다시 교실에 가두면 안 되니까. 대학 입시 과목을 가르치는 수업도 하지 않고, 수업 끝에 교사가 으레 내는 숙제도 없다. 학교 교육에서 숙제는 당연시해온 학습 보충 방식이다. 그러나 방과 후 시간을 잠식하는 숙제의 학습 효과는 기대보다 미미하고, 오히려 부모와 자녀 간에 반복되는 갈등 요인으로 꼽힌다.

독일의 경우에는 숙제의 여러 문제점 때문에 수십 년 전부터 숙제 폐지를 논의해왔으나 학습량이 줄어들 것에 대한 학부모들의 우려 때문에 지금껏 제도를 바꾸지 못하고 있다 한다. 숙제의 학습효과와 부작용을 놓고 경중을 따지면 숙제 논란은 계속될 수밖에 없다. 그러나 아이가 건강하고 행복하게 성장하는 데 필요한 균형을 기준으로 판단하면 새로운 방안을 찾을 수 있다. 우리는 교과목과 관련이 없는 숙제라 할지라도 학교에서 교사가 일방적으로 정해서 학생에게 부과하는 방식은 교육 효과를 얻기 어렵다고 판단하여 숙제를 없앴다.

교과목 수업을 하지는 않지만 아이들은 자신이 원하는 공부를 일과표에 넣어서 스스로 공부한다. 아이들이 짠 일과표를 보면 외국어 공부가 제일 많고, 자신이 보강하고 싶은 과목이나 좋아하는 과목을 주로 넣는다. 그림이나 음악, 무용 같은 예술 분야의 공부는 학교에서 적극 권장한다. 진로와 관련이 없어도 다양한 예술 활동이 감성을 키우고 정서를 풍요롭게 하는 데 도움이 되기 때문이다. 독서는 필수 과정이다. 달마다 읽을 책을 정하고, 온라인 화상 채팅으로 독서 토론을 한다. 교실과 교과목 수업과 숙제 없이도 아이들은 지식을 쌓고 정서를 풍요롭게 하는 공부를 스스로 찾아서 한다.

벤자민학교에는 시험과 성적표도 없다. 교과 공부가 아니더라도 벤자민학교의 각 과정에 나름의 시험을 적용해서 평가하고 등수를 매길 수는 있다. 하지만 시험을 보고 성적을 평가하는 것이 교육에 반드시 필요한 일일까? 그것은 학생을 관리하는 편의적 수단이지 아이들을 위한 방안이라고 할 수는 없다. 시험 말고도 아이들의 학업 수행 능력을 높이는 방법과 수행 정도를 평가하는 방법은 얼마든지 있을 수 있다. 다만 대학 입시라는 현실에 막혀 일선의 학교와 교사가 교육에 관한 상상력을 발휘하지 못할 뿐이다.

더 심각한 일은, 시험과 성적과 등수라는 절대적 제도 아래 계속 위축되어 가는 아이들의 마음을 부모조차 보듬어 주지 않는 것이다. 부모가 바라는 1등을 하기 위해 전전긍긍 최선을 다하던 아이가 1등 한 성적표를 엄마에게 건네며 "이제 됐어?" 하고는 그대로 뛰어내렸다는 뉴스는 너무나 충격적이어서 잊히지가 않는다. 이후에 한 영화에 묘사될 정도로 이 뉴스의 파장이 컸지만 그럼에도 바뀐 것은 아무것도 없었다. 이전 시험보다 성적이 오른 성적표를 가져온 아이에게 "이렇게 할 수 있는데 지난번엔 왜 그랬냐"며 야단을 쳤다는 엄마도 있다. 이 엄마는 아이가 자퇴를 한 이후에야 자신의 잘못을 깨달았다고 한다. 《엄마 반성문》의 저자 이유남 교장의 이야기다.

아이의 자존감을 바닥으로 떨어뜨리고, 교사를 교육자가 아닌 관리자로 만들고, 부모는 절대적인 보호자의 지위를 잃게 하는 교육 현실을 어떻게 할 것인가? 지금의 교육 현실은 매우 절망스럽지만, 교육의 문제점을 깊이 보고 새로운 길을 찾는 노력을 멈추지 않는 교사와 부모들이 있기에 희망을 갖고 변화를 위한 시도를 계속해 나가야 한다. 벤자민학교의 교사와 부모들도 벤자민학교의 시도가 교육의 희망이 되도록 많은 노력을 기울이고 있다.

5무 학교라는 별칭처럼 벤자민학교는 없는 게 많아서 아이들이 행복한 학교다. 그렇다면 벤자민학교에만 있는 것은 무엇일까? 아이의 인성을 깨우고 교사와 부모가 함께 성장하기 위해 벤자민학교는 무엇을 어떻게 하고 있을까?

실수해도 괜찮아, '실수 오케이'

벤자민학교에는 발표할 기회가 무척 많다. 각종 수업과 워크숍, 온라인 화상모임 때마다 발표가 가장 많은 시간을 차지한다. 자신이 하고 있는 일과 계획한 일들을 사람들 앞에서 이야기하고, 다른 사람의 이야기를 잘 들어주는 것이 벤자민학교에서는 매우 중요한 과정이다.

각종 수업과 워크숍, 온라인 화상모임 때마다 발표가 가장 많은 시간을 차지한다.

심리적으로 위축되어 있고 불안을 많이 느끼는 아이들은 앞에 나가서 말하는 것에 거의 공포를 느낀다. 실수할까봐, 잘해야 한다는 생각에 긴장해서 입을 열지 못할 정도로 떠는 아이들도 적지 않다. 그랬던 아이들이 다른 아이들도 자기처럼 긴장한다는 것을 알게 되고, 떨면서도 발표를 몇 번 해보면 이게 별일 아니구나 하면서 점차 이야기꾼이 되어 간다. 실수하고 창피하고 망했다는 생각이 들어도 다음에 다시 할 기회가 있다는 것을 경험하면서 긴장에서 벗어나 편안해지는 것이다.

처음에는 준비해온 것도 잘 발표하지 못하던 아이가 나중에는 생각해온 얘기가 아닌 자기 마음의 소리를 내고, 그것에 공감하는 청중의 반응을 경험하면서 자신감을 얻는다. 앞 장에서 자신의 이야기를 들려준 배형준 학생도 발표를 통해 자신감을 회복하고 강사 활동까지 활발히 하게 되었다. 보호관찰 대상자로 문제아 소리를 듣던 형준이는 벤자민학교에 와서 처음으로 자신의 이야기를 친구들 앞에서 솔직하게 꺼냈다. 떨리고 창피하기도 하고 자기를 어떻게 대할지 두려운 마음도 있었지만 친구들은 자기도 실수를 했다면서 형준이를 안아주었다. 사람들에게 받아들여지는 경험은 형준이를 다시 한 번 변화시키는 계기가 되었다. 이후 형준이는 학교 밖에서 더 많은 사람들과 자신의 이야기를 나누며 강사 활동을 이어갔다.

고등학생 아들 때문에 상담실에 가서 면담도 하고 다른 학부모에게 사과하는 일도 겪었다는 한 엄마는 아들이 벤자민학교에 온 이후 일어난 변화에 대해 이렇게 이야기했다. "학교 가면 잠만 자고 다른 아이들을 괴롭혔다. 아들이 왜 그러는지 몰랐는데 벤자민학교에 보낸 이후에야 알게 됐다. 몸이 뚱뚱하다고 다른 아이들에게 늘 놀림과 따돌림을 당하다가 자기 덩치가 커지면서 가해자가 된 것이었다. 아들에게 그런 상처가 있다는 걸 처음 알았고, 내 무심함이 미안해서 아이를 부둥켜안고 울었다. 아들은 다른 사람을 괴롭혔을 때 무척 부끄러웠고 죄책감이 들어 힘들었다고 했다. 벤자민학교의 인성교육 덕분에 아들은 자신의 상처를 드러낼 수 있었다. 이후, 다른 사람에게 자신의 이야기를 하는 것이 도움이 될 수 있다는 생각으로 인성스피치대회에 나가 최우수상을 받기도 했다. 자존감과 자신감을 되찾은 아이는 아르바이트 하는 가게에서 매니저로 일할 만큼 책임감 있게 자기 생활을 꾸려나가고 있다. 아이의 누나도 벤자민학교에 다녔고, 미국 아이비리그에 합격해 유학 준비를 하고 있다. 딸아이는 행복하게 사는 데 가장 필요한 것이 교육이기 때문에 황폐하고 낙후된 지역에 뇌교육을 전하겠다는 꿈을 갖고 있다. 벤자민학교가 우리 가족에게 행운을 가져다 주었다."

벤자민학교에서 유학의 꿈을 키운 김윤재 학생은 졸업 후에 미국의 한 대학에서 입학 허가서를 받았으나 유학 비용 때문에 마냥 기뻐할 수가 없었다. 부모님께 유학비를 달라고 할 형편이 아니어서 고민하던 윤재는 장학금을 받기 위한 계획을 세웠다. 우선 자신의 이야기를 담은 포트폴리오를 만들어 여러 나라의 학교 장학재단과 국가 장학재단, 기업 등에 보냈다. 어느 한 곳에서는 장학금을 주리라 믿고 시작했지만 역시 쉽지 않은 일이었다. 그러나 포기하지 않고 유학재단과 유학박람회를 찾아다니면서 유학정보를 모으고, 아프리카부터 남미까지 샅샅이 뒤져서 37개 국가에 메일을 보냈다. 마침내 그 중 한 학교에서 최상의 조건을 담은 답신을 보내왔다. 장학금을 받고 꿈꾸던 유학길에 오른 윤재는 미래가 두렵지 않다고 했다. 실패할 때가 있겠지만 자기 자신을 믿고 언제나 선택하고 도전할 것이기 때문에.

'실수해도 괜찮아', '실패해도 다시 기회가 있어'라는 메시지는 자신감과 창조성을 키워주는 주문과 같은 힘이 있다. 벤자민학교에서는 누군가 컵의 물을 쏟거나 어이없는 일을 저지르면 주위에 있던 사람들이 바로 "실수 오케이" 하고 말해준다. 실패를 용인하는 문화가 창의를 이끈다는 사실을 잘 아는 벤자민학교만의 풍경이다.

문제해결 능력을 기르는 '벤자민 프로젝트'

4차 산업혁명 시대에 미래 인재 육성을 위한 해법으로 '프로젝트 기반 학습(PBL, Project Based Learning)'이 부상하고 있다. 프로젝트 기반 학습은 기존의 강의 방식에서 벗어나 문제를 해결하는 과정을 통해 학습이 이루어지도록 하는 방법이며, 핵심은 학습자 중심의 학습으로 문제를 해결하는 것이다. 주로 대학을 중심으로 창의적 인재를 키우고 팀워크를 통해 혁신가를 키우는 것을 목표로 프로젝트 기반 학습을 도입하고 있다.

벤자민학교 교육과정의 핵심 프로그램인 '벤자민 프로젝트'는 프로젝트 기반 학습의 매우 선도적인 사례이다. 벤자민 프로젝트는 학생이 모든 것을 스스로 기획하고 실행한다. 무엇을 하든 주제에 제한이 없고, 혼자 할 수도 여럿이 할 수도 있다. 기간도 프로젝트에 따라 정하면 된다.

처음 벤자민 프로젝트 기획을 앞둔 학생들의 반응은 대개 '헐, 대박!'이다. '뭐라고? 대체 뭘 하란 거야?'라는 뜻일 게다. 아무튼 뭘 할지 정하기 위해 선배들의 프로젝트를 참고하면서 서로 머리를 맞대고 고민한다. 학생이 관심을 보이는 분야가 있으면 교사가 해당 분야의 전문가를 연결해서 도움을 주고, 이후 전문가는 멘토로서 프로젝트를 계속 지원한다.

프로젝트를 결정하면 모두가 모인 자리에서 브리핑하고 본격적으로 실행에 들어간다. 교사들은 진행되는 모든 과정을 지켜보면서 학생이 도움을 청하거나 교사가 필요하다고 판단한 때에 최소한으로 개입한다. 벤자민 프로젝트는 전적으로 학생 스스로 해내는 것이 목표이기 때문이다. 프로젝트가 성공하든 실패하든 스스로 했을 때 의미 있는 체험이 될 수 있다.

프로젝트 주제를 반드시 학생 스스로 정하도록 한 것도 마찬가지다. 교육의 미래는 티칭이 아니라 코칭이라고 한 교육공학자 폴 김은 '학생이 원하는 것, 흥미로워 하는 것, 뛰어나거나 부족한 점, 이런 것들을 모두 고려해서 최대의 역량을 발휘할 수 있게 도와주는 곳이 학교여야 한다'고 했다. 지극히 당연한 말이지만 현실과는 너무 먼 얘기여서 한숨부터 나올지 모르겠다. 벤자민 프로젝트는 지극히 당연한 학교의 역할을 하기 위해 우리가 가장 힘을 쏟는 과정이다.

아이들에게 무엇을 좋아하는지, 무엇을 해보고 싶은지 물으면 대부분 답을 바로 못 한다. 아이들은 자신이 원하는 것이 무엇인지, 뭘할 때 진짜 기분이 좋은지도 알지 못한다. 그런 걸 물어봐 주는 사람이, 그런 것이 중요하다고 말해주는 사람이 없었을 뿐 아니라 성적 경쟁에 몰려 스스로도 깊이 생각해볼 여유가 없었던 것이다. 경쟁에서 빠져나와 친구들과 교류하고, 자연을 체험하고, 세계를 공부해나가면서 자신이 무엇에 흥미를 느끼는지 차츰 알게 된다. 벤자민 프로젝트를 구상하면서 아이들은 자기 자신에게 묻는다. 난 뭘 하고 싶지? 내가 원하는 건 뭐지? 그 물음은 '나는 누구인가' 하는 궁극의 질문에 이르게 할 첫 탐색이다.

벤자민 프로젝트 초기에는 막연한 상태에서 일단 시작했다가 제대로 흥미를 붙이기도 하고, 도통 진척이 안 되기도 한다. 진행에 문제가 있는 경우에는 교사와 상의해서 다음 프로젝트로 넘어가면 된다. 프로젝트를 거듭하면서 본격적인 도전이 시작된다. 벤자민 프로젝트로 가장 많이 선택되는 국토종주가 대표적인 도전 과제이다. 국토종주는 체력과 의지가 한계에 다다랐을 때의 자신을 직면하게 하고, 동행하는 동료들과의 관계에서도 여러 고비를 맞는 꽤 험난한 프로젝트이다. 그런 만큼 무사히 완주한 체험은 아이들에게 큰 성취감과 자신감을 주고, 함께한 사람들에 대한 감사와 협력에 대한 믿음을 갖게 한다.

선천성 골형성부전증으로 오래 걷는 것은 생각조차 해보지 않았던 이강희 학생의 경우에는 국토종주를 하겠다고 결심하는 것부터가 큰 도전이었다. 이강희 학생의 도전기를 들어보자.

부정적인 생각을 멈추자 다시 걸을 힘이 생겼다 _ 이강희

내게는 선천적으로 뼈 형성이 덜 되는 '골형성부전증'이라는 희소병이 있다. 연골이 없어서 쉬 탈골이 되는 한쪽 무릎에는 못을 박았다. 게다가 평발이다. 그런 나에게 국토대장정은 큰 도전이었다.

대장정을 시작하는 당일까지도 고민을 했다. 같이 가는 친구들에게 피해를 주지 않을까 하는 염려가 컸다. 하지만 몸이 불편하다는 이유로 자꾸 숨으면 앞으로도 계속 남의 눈치를 보면서 살게 될 거라는 생각이 들었다. 나는 도전을 결심하고 함께 가는 친구들과 꼭 완주하겠다는 다짐을 했다.

평발이어서 첫날부터 힘들었고 둘째 날은 더했다. 한 걸음 한 걸음 마치 모래주머니를 차고 걷는 것처럼 온몸이 무거웠다. 자꾸 뒤처지면서 친구들과 거리가 계속 벌어졌다. 눈앞에 친구들이 보이지 않을 때도 있었다. 점점 멀어진 친구들이 나를 버리고 갈 것 같아서 무서웠고, 앞으로 살면서 사람들과의 이런 차이 때문에 좌절할까봐

성장할 기회에 도전한 이강희 학생(앞줄 왼쪽에서 두 번째). 국토종주팀 이름인 '사이다'는 '사이좋게 이루자 다함께'라는 뜻이다.

두려웠다. 거리를 좁히고 싶었지만 몸이 따라주지를 않았다. 자신감이 사라지고 몸이 완전히 지칠 때쯤 문득 이런 생각이 들었다. '나는 내 한계를 극복하려고 이 길을 걷는 건데 왜 다른 사람에게 맞추려고 하는 거지?'

나는 다시 힘을 내 나 자신에게 집중하며 걸었다. 그럼에도 몸이 너무 힘들어서 내일은 정말 못 걸을 거라고 생각했다. 그래도 다음날 아침이 되면 파스를 뿌리고 진통제를 먹고 양말을 두 겹으로 신고 길을 나섰다. 내가 그렇게 걸을 수 있었던 것은 나를 늘 기다려주는 친구들이 있었기 때문이다.

국토종주를 계획하면서 우리 팀 이름을 '사이다(사이좋게 이루자 다

함께)'라고 지었는데 고비를 겪을 때마다 이 말이 실감나게 다가왔다. 목적지를 향해 걸어가면서 많은 생각이 들었다. 음악을 틀고 신나게 춤을 추기도 했고, 때로는 눈물이 흐르기도 했다. 지금 어떤 감정이 들든 그것이 내 것이고, 내게 필요하다고 느꼈다. 이전에는 울고 화내고 투덜거리는 내 모습을 나라고 인정하지 않았다. 내가 약한 사람이 아니길 바랐던 것 같다. 고통 속에서는 나의 약한 면과 강한 면이 모두 보였다. 그것이 다 나라고 인정하자 다른 사람과 비교하면서 나를 스스로 낮추는 부정적인 생각이 사라졌다. 남들과 다른 점 때문에 뒤처지는 것은 잘못이 아니다. 남들과 비교하면서 스스로 위축되는 것이 잘못이고, 그런 부정적인 생각은 몸과 마음을 힘들게 할 뿐이다.

미안함과 걱정으로 긴장했던 마음을 풀자 몸에서 힘이 났다. 나는 어느덧 뒤처지지 않고 친구들과 함께 걸었다. 마지막 날, 친구들과 서로 격려하며 나란히 30킬로미터를 걸을 때 기분이 정말 좋았다. 국토종주를 망설이다 선택하지 않았다면 그때의 기분을 느끼지 못했을 것이다. 끝까지 함께한 친구들에게 느낀 감정도 경험하지 못했을 것이다.

국토종주 첫날, 무거운 가방을 메고 열 걸음만 걸어도 다리가 아파서 완주는 불가능할 거라고 했던 내 모습은 종주가 끝날 무렵에는 찾아볼 수 없었다. 이전까지는 '나는 남들보다 약하니까' 못하는 게 당연하다고 여겼다. 하지만 이번 경험을 통해 나는 결코 약하지 않으며, 선택하면 이룰 수 있다는 자신감을 얻었다.

국토종주에 도전한다고 했을 때 주위에서 '그 다리로 가능하겠어?', '더운 날씨에 왜 사서 고생을 해?' 같은 말들을 했다. 그 말을 다시 듣는다면 이렇게 말할 것이다. "우리 팀 구호가 '도전하는 청춘'이다. 이 다리로는 안 된다고 생각하거나 더위를 피하려 든다면 도전은 불가능하다. 우리는 성장할 기회에 도전하는 것이다."

• • •

벤자민 프로젝트는 국토종주, 등반, 패러글라이딩 같은 극한의 도전뿐 아니라 소소하고 다양한 도전거리가 매우 많다. 각 분야에서 일하는 사람들을 만나서 직업에 관한 이야기를 듣는 50인의 직업인 인터뷰, 우리 전통문화를 알리기 위해 제주도에 가서 100명에게 절하기, 나눔의 집에 방문 봉사 갔다가 할머님의 조언을 받아 기획한 바른 역사 알리기, 마을 벽화 그리기, 네팔 지진 모금, 매달 새로운 것에 도전하기 등의 프로젝트를 비롯해 뮤지컬 공연, 소설 쓰기, 콘서트, 봉사활동, 요리 만들기, 킥복싱, 연극 공연, 전시, 플래시몹, 거리 공연 같은 다양한 방식의 프로젝트들이 1년 내내 전국 곳곳에서 축제처럼 펼쳐진다. 한 학생당 1개 이상의 프로젝트를 하기 때문에 수백 개의 프로젝트가 동시에 진행되어 학교에는 늘 소식이 넘쳐난다.

무용가가 꿈인 한 학생은 '트래블 댄서' 프로젝트를 기획해 전국을 여행하면서 곳곳에서 자신이 춤추는 동영상을 SNS에 올렸다. 프로젝트를 진행하던 중에 한 항공사에서 항공권을 상품으로 주는 이벤트에 자신의 댄스 프로젝트를 응모하기 위해 옷에 항공사 로고를 붙이고 춤추는 동영상을 촬영할 때였다. 광화문 광장에서 걸그룹 '여자친구'의 곡에 맞춰 춤을 추고 있는데 어디선가 진짜 '여자친구' 멤버들이 나타나 함께 춤추는 장면을 영상에 담게 됐다. 마침 차를 타고 광장 앞을 지나던 멤버들이 자신들의 곡에 맞춰 춤추는 학생을 보고 합류한 것이다. 이 동영상으로 프로젝트의 주인공은 항공사 이벤트에 당첨돼 해외여행을 하면서 자신의 '트래블 댄서' 프로젝트를 이어갔다.

벤자민학교를 졸업하는 학생들에게 지난 1년 동안 가장 기억에 남는 일이 무엇이냐 물으면 대부분 벤자민 프로젝트라고 답한다. 처음 해보는 일인 만큼 두려움과 설렘으로 시작했다가 고난과 재미를 겪으며 포기하거나 완수해낸 경험이 마음에 깊이 남은 것이다. 경험은 당장의 교훈을 주기도 하지만, 이후에 성인이 되어 새로운 선택을 해야 하는 순간에 다시 호출되어 자신감을 보태주기도 한다.

벤자민 프로젝트는 문제해결 능력을 기르는 과정이다. 이는 벤자민 프로젝트를 설명하는 가장 강력한 특성이다. 프로젝트 시작부터 마무리까지 학생들에게는 모든 것이 문제 상황이고, 그 상황을 어떻게든 풀어야 다음 과정으로 넘어갈 수 있다. 아니면 거기서 프로젝트를 중단해야 한다. 문제를 해결하는 과정에서 자신이 사고하는 방식을 보게 되고, 사람들은 저마다 생각이 다르다는 것을 알게 된다. 생각이 달라서 갈등이 생길 수 있고, 갈등이 있어도 대화를 통해 의견을 조율하는 과정을 아이들은 프로젝트를 할 때마다 반복 학습한다.

문제해결 능력은 삶의 핵심 기술이다. 문제해결 능력의 정도가 인생을 좌우한다고 할 수 있다. 문제해결 능력에는 기질, 경험, 사회성, 지식의 정도 등 많은 요소가 복합적으로 관여하기 때문에 일정 기간 갑자기 공부한다고 터득되는 자질이 아니다. 문제해결 능력은 평생에 걸쳐 쌓아올리는 정직하고 귀중한 자산이다. 벤자민 프로젝트를 통해 그 기회를 만나는 것이다. 교과목 공부에 매달려야 하는 고등학생들은 공부하는 데 방해될까봐 주변 어른들이 문제 상황을 없애거나 숨겨버려서 문제를 해결할 기회 자체를 박탈당한다.

벤자민 프로젝트가 진행되면서 나타나는 뚜렷한 변화 가운데 하나는 시간이 흐름에 따라 프로젝트 주제가 개인에서 전체로 확장되어 간다는 점이다. 처음에는 자신이 좋아하는 것, 해보고 싶은 것 위주로 가다가 경험이 쌓이면서 차츰 지역사회와 연계되는 주제들이 나오기 시작한다. 이런 프로젝트가 등장하면 분위기가 확산되면서 아이들이 자신의 주변으로 시선을 돌려 사회적 의미를 살피게 된다. 아이에게 지구시민 의식이 싹트는 순간이다.

벤자민학교에 들어오기 전에는 학교에서 시키는 대로 공부하고, 학교와 학원과 집을 쳇바퀴 돌 듯 오갔다. 벤자민학교에 온 이후에는 하고 싶은 프로젝트를 하고, 배우고 싶은 것들을 배우면서 능동적인 자세를 갖게 됐다. 변화의 계기가 된 것은 한중일 국토종주였다. 한국의 벤자민학교 학생들이 일본과 중국의 벤자민학교 학생들과 함께 3개국을 종주하는 프로젝트를 기획했다. 전주 모악산에서 시작해서 서울 광화문까지 350킬로미터, 일본 구마노고도 순례길을 통해 오와세까지 100킬로미터를 걷고, 중국 상하이를 중심으로 한 독립운동 거점 순례까지 해서 총 25일에 걸친 대장정이었다. 국토종주를 하면서 그 어느 때보다 자연을 가까이서 체험했고, 지구가 하나의 거대한 생명임을 깊이 느꼈다. 나와 지구가 하나의 생명으로 연결돼 있고, 나를 사랑하는 것이 곧 지구를 사랑하는 것이라는 생각이 들었다. 한국, 일본, 중국도 한가족으로 느껴졌다. 세계는 국가로 나눠져 있지만 인류는 지구라는 가치 안에서 하나라는 사실이 너무나 명확히 다가왔다. 내 안에 새로운 눈이 뜨이는 것 같았고, 뭔가 해보고 싶은 마음이 생겼다.
_ 서재원

경쟁 속에서 나만 생각하고, 같은 반 친구에게 노트 한 번 빌려주지 않았다. 벤자민학교에 와서 여러 프로젝트를 통해 전체를 보는 경험을 했고, 전 세계의 사람들을 생각해보게 됐다. 가장 도움이 됐던 활동은 16명이 함께 했던 지구시민 프로젝트였다. 통일이라는 주제로 프로젝트를 기획했는데, 처음에는 통일하면 북한보다 잘 사는 우리나라가 괜히 손해 보는 게 아닌가 해서 통일에 관심도 없었고 필요도 못 느꼈다. 그러나 프로젝트를 진행하면서 북한 이탈주민들을 만나고, 북한 출신 교수님의 강의를 듣고, 이탈주민들과 운동회도 같이 하고, 통일교육연수원에도 다녀오면서 생각이 조금씩 달라졌다. 북한 사람들과는 말이 달라서 대화가 통하지 않을 것이다, 그 사람들은 배움이 부족할 것이다 같은 편견부터 없어졌다. 내가 만난 북한 사람들은 나와 별반 다르지 않았다. 북한 청소년들도 우리와 똑같이 게임을 좋아하고 운동을 즐기는 친구들이었다. 이제 누구와 얘기하든 통일에 대해서 당당하게 내 생각을 말할 것이다. 앞으로 통일에 관심 있는 청소년들과 함께 우리의 목소리를 내는 단체를 만들 계획도 하고 있다. _ 허성민

이전에는 삶의 주체가 내가 아니라 부모님, 선생님 그리고 다른 사람들의 시선이었다. 벤자민학교에 와서 나 자신이 삶의 주체가 되어야 한다는 것을 알게 되었고, 매순간의 선택을 내가 한다는 의식을 갖게 되었다. 내가 성장했다고 느낀 계기 중 하나는 해외 봉사활동 프로젝트였다. 나는 다른 사람을 돕는 일에 관심이 많았지만 이전에는 내가 주체적으로 뭔가 활동을 해야겠다는 생각을 하지 못했다. 학교에서 의무적으로 채워야 하는 봉사시간이 있었

기 때문에 그걸 채우는 데 급급해서 진심으로 뭔가를 해야겠다는 생각을 하지 못했던 것 같다. 벤자민학교에 온 이후에는 개인 시간이 많다 보니 내가 어떤 봉사활동을 해야겠다는 생각을 자연스럽게 하게 되고, 그것을 실천할 수 있게 됐다.

여성가족부에서 주최한 동티모르 해외봉사에 참여했을 때는 봉사라는 의미에 대해 다시 생각해보았다. 그때까지 내가 생각했던 봉사는 나는 도움을 주는 사람이고 상대는 도움을 받는 사람이었다. 그런데 동티모르에 가서 경험한 것은 내가 준 만큼 나도 받는다는 것이었다. 그런 점에서 봉사라는 말보다 홍익이라는 말이 더 맞겠다는 생각을 했다. _ **강지수**

십대란 어른이 손을 잡아 억지로 이끌려고 하면 뿌리치고 반대 방향으로 달아나는 존재다. 어른이 지나치게 개입하지 않아야 저희들끼리 알아서 신나게 달린다.

자기주도형 실행 모델인 벤자민 프로젝트는 자신감, 책임감, 리더십, 문제해결 능력을 기르고, '나'에 갇힌 의식을 '지구시민' 의식으로 성장시키는 통합 인성개발 과정이다. 벤자민 프로젝트를 하며 달려 나가는 아이들이 빛처럼 눈부시다.

아이들을 철나게 하는 필수과정,
아르바이트

벤자민학교 학생은 재학 중에 아르바이트를 반드시 3개월 이상 하도록 되어 있다. 미성년자인 학생에게 아르바이트를 하도록 학교에서 정해놓은 것을 부모들은 의아해 하기도 한다. 그러나 한 학기가 지날 즈음부터는 학교 측에 부모들의 감사 인사가 쏟아진다.

아이들에게 실질적으로 가장 눈에 보이는 변화가 나타나는 것은 아르바이트 체험이다. 대부분의 아이들이 학교와 집이 아닌 곳에서 일을 해본 경험이 없고, 더구나 스스로 돈을 벌어본 적도 없다. 같이 학교 다니던 친구들은 교실에 앉아서 공부할 시간에 자신은 낯선 곳에서 일하며 돈을 벌어야 한다는 사실에 아이들도 처음에는 당황하고 자신 없어 한다.

학생이 아르바이트를 무작정 구해야 하는 것은 아니고 교사와 부모, 멘토가 지역사회의 협조를 구해서 취지에 맞게 진행되도록 힘을 쓴다. 우선 아이가 사는 집에서 멀지 않은 곳에 아르바이트 할 만한 곳이 있으면 교사가 아이와 함께 그곳을 방문해 취지를 설명하고 점포 환경을 확인한다. 근무 시간과 시간당 비용까지 확인하면 준비해간 이력서를 제출하고 점포 주인의 간단한 면접을 거쳐 채용을 확정한다.

아르바이트를 시작한 아이들의 상황은 천차만별이다. 출근 첫날에 잘리기도 하고, 손님 옷에 음식을 엎질러 혼이 나기도 하고, 아르바이트 하다가 뜻밖에 숨어 있던 자신의 재능을 발견하기도 한다. 저마다 우여곡절을 겪으며 아르바이트 경험을 호되게 하는데, 두어 달 지나면 여기저기서 비슷한 이야기들이 나오기 시작한다. '아이가 달라졌다', '엄마 아빠에게 갑자기 잘한다' 같은 이야기들이다.

아버지는 제빵사다. 나도 빵을 좋아해서 빵집 아르바이트를 택했다. 아침 8시부터 오후 2시까지 일했는데, 제과점 일은 알고 있던 것보다 훨씬 힘들고 어려웠다. 힘들 때는 노래를 하거나 운동을 했다. 그러면 다시 일할 힘이 났다. 월급을 받으면 봉투에 '어머니 용돈'이라고 써서 엄마께 드렸다. 어른이 된 기분이었다. 예전에는 부모님이 시키는 것만 하고 학교에서 하라는 대로만 해서 의욕이 별로 없었는데, 지금은 내가 선택한 삶을 살고 있는 만큼 뭔가 해야겠다는 마음이 저절로 생기고 하루하루가 재미있다.

엄마_ 아이의 재능을 살려줄 수 있는 길이 뭘까 했는데, 아르바이트 하면서 책임감도 강해지고 자기관리도 더 잘하게 된 것 같다. 아르바이트를 마치면 보컬학원에 가고, 온라인 강의를 듣고, 제빵 공부를 한다. 앞으로 뭘 해도 하겠구나 하는 믿음이 생겼다.

힘들지 않고 돈 많이 주는 일을 찾았는데 세상에 그런 일은 없다는 것을 알았다. 첫 아르바이트는 마트였는데 출근한 첫날 저녁에

마트 주인이 일당을 주면서 내일부터 나오지 말라고 했다. 그 다음 아르바이트는 중국집 주방 보조. 아침 일찍 가서 재료를 손질하고 설거지하고 면 삶고…… 일이 끝없이 이어져서 힘들었지만 그냥 열심히 했다. 그리고 나름 보람도 느꼈다. 한번은 중국집 사장님이 지역 행사를 하시면서 나의 꿈에 대해 발표할 수 있도록 해주셨는데, 내 이야기에 호응해주는 사람들을 보면서 '내가 하기에 따라 세상은 열려 있구나' 하는 생각을 했다.

엄마_ 중국집 사장님이 주방 보조로 이렇게 길게 일한 직원이 그동안 없었다고 하셨다. 사장님은 지역에서 발이 넓으신 분인데, 시청 담당자와 함께 청소년들이 자신의 꿈을 이야기하는 자리를 만들어서 우리 아이가 거기서 발표를 하도록 했다. 아이는 벤자민학교에서 경험한 것을 이야기했고, 그 자리에 있던 사람들은 칭찬과 함께 벤자민학교에 많은 관심을 보였다. 아이가 아르바이트를 하면서 가장 크게 달라진 점은 자신감이다. 몸을 쓰고 성취감을 느끼면서 아이가 밝아지고, 사람들과 부대끼면서 이해심도 더 생긴 것 같다.

샤브샤브 전문점에서 일하면서 사람 대하는 법, 감정 조절하는 법을 알아가고 있다. 돈 벌기가 무척 힘들다는 사실도. 부모님께 늘 용돈이 적다고 불평했는데, 그동안 내 학원비를 대주시느라 너무 많은 돈을 쓰셨다는 생각이 처음으로 들었다. 내 입장만 생각한 게 죄송했다.

벤자민학교 학생들은 재학 중 반드시 3개월 이상 아르바이트를 하도록 되어 있다.

엄마_ 애가 느려서 아르바이트를 제대로 할지 걱정했다. 금방 그만둘 줄 알았다. 그런데 힘들어 하면서도 해내고, 부모 마음까지 알아줘서 흐뭇하고 기특했다. 이전에는 아이가 학원에 안 가면 뭘 하고 있을지 걱정했는데, 이제는 자기가 알아서 계획대로 하겠거니 하는 믿음이 생겼다.

부대찌개 음식점에서 아르바이트를 시작했는데 날마다 그릇을 깨먹어서인지 3일째 되는 날 사장님이 그만 나오라고 하셨다. '아, 사회생활이 냉정하구나' 하면서 힘들어 하다가 '여기 아니면 없나' 하고 다시 힘을 내 아르바이트 할 곳을 찾았다. 새로 일하게 된 스시 뷔페에서 무사히 한 달을 채우고 첫 월급을 받아든 순간, 날마다 발이 아프도록 열심히 일한 것에 비해 월급이 적다고 느꼈다. 부모님이 정말 대단해 보인 순간이기도 했다.

엄마_ 음식점에서 잘리고 나서 좀 의기소침한 거 같더니 금방 다시 해보겠다며 스시 뷔페 아르바이트를 구했다. 거기서도 손님 옷에 음식물을 튀기고 물을 흘리는 등의 실수를 계속 했다. 그러면서 상황대처 능력을 길렀을 거라고 생각한다. 아르바이트를 시작한 지 한 달도 안 돼 아이가 적극적으로 바뀌는 것을 보고 놀라고 대견해서 혼자 좀 울컥했다.

💬

고등학생이 오전 시간에 아르바이트를 하고 있으니까 사람들이 이상하게 보는 시선이 느껴졌다. 아, 이런 곳이 사회구나, 이런 인식을 바꿔야겠구나, 그러려면 나부터 달라져야겠구나 생각했다. 그래서 아르바이트를 정말 열심히 했다.

일찍 출근하고, 항상 웃으면서 부지런히 일했다. 어느 날 가게 사장님이 "지금까지 아르바이트생들을 수없이 봐왔는데 너처럼 성실한 학생이 드물었다. 네가 다니는 학교가 어디라고 했지?" 하고 물으셨다.

엄마_ 아들이 아르바이트 마치고 집에 와서는 엄마 아빠 정말 고맙다며 큰절을 하고 안아주었다. 고되게 일하면서 느낀 바가 있었던 모양이다. 아들이 처음 아르바이트를 한다고 했을 때 남들은 학교 다니는데 식당에 나가 일하면 사람들 보기도 그렇고, 얘가 해낼 수 있을까 염려스러웠다. 그런데 아르바이트 하는 음식점 사장님이 아들이 부지런하게 일을 잘한다고 칭찬하면서 아들이 다니는 학교가 어떤 곳인지 궁금해 하셨다고 한다. 아들이 스스로 알아서 잘 해주니 정말 고맙고 든든하다.

소심하고 내성적인 성격이어서 아르바이트를 안 하고 넘어가려고 했는데, 꼭 해야 한다고 해서 마지못해 음식점 아르바이트를 시작했다. 무거운 쟁반을 들고 나르는 게 엄청 힘들었다. 서툴러서 사장님께 혼도 많이 났는데, 손님 대하는 일이 차츰 익숙해지고 같이 일하는 분들과도 가까워지면서 내가 밝고 적극적인 모습으로 바뀌는 것을 느꼈다. 한 달 일하고 월급을 받았는데 고되게 일한 것에 비하면 얼마 안 된다는 생각이 들면서 그동안 부모님께 용돈 받아 펑펑 쓴 것을 절로 반성하게 됐다. 부모님이 얼마나 힘들게 일하시는지 알았고, 그래서 부모님이 외식하자고 할 때 "안 먹어도 되니까 나가지 말고 돈을 아끼자"고 했다.

엄마_ 이 금쪽 같은 시기에 시급 5천 원 받고 하루 5~6시간씩 아르바이트 하는 게 맞나 생각했다. 그런데 아이가 일하면서 보람을 느낀다는 것을 알았다. 허리가 아프도록 일해서 번 돈을 귀하게 생각했고, 함께 일하는 사람들의 애환을 보면서 세상을 알아가기 시작했다. 아이가 서울에서 자취를 했는데 방만 구해주고 생활비는 주지 않았다. 아이에게 네가 알바 해서 힘들게 번 돈이니까 아껴서 잘 써보라고만 했다. 그런데 아이가 궁색할 정도로 돈을 너무 안 써서 생활비를 좀 줬더니 "나 돈 충분해요" 하면서 기어코 받지를 않았다. 한 날은 아이가 가족 카톡방에 "오늘 완전 사치 부렸어요" 하면서 가게에서 사 온 과자 몇 봉지를 사진 찍어 올렸다. 코끝이 찡했다. 벤자민학교는 아이들을 철나게 하는 학교다. 어떻게 1년 만에 아이들을 이렇게 성장시킬 수 있는지 놀랍다.

우연히 자전거 가게에서 아르바이트를 하게 됐는데 일이 너무 재미있어서 하루에 10시간씩 일했다는 학생도 있다. 일을 하다 보면 피곤하기도 했지만, 월급 받아서 가족과 함께 외식하는 즐거움과 뿌듯함이 더 컸다고 한다. 이 학생은 이후에 자전거 안전 보조 강사로 일하면서 가르치는 일에서 재미와 재능을 찾고 있다. 아르바이트 해서 모은 돈으로 제주도 자전거 배낭여행을 떠난 학생도 있다. 혼자 하는 여행이고 초행이어서 길을 자주 잃었지만, 두려움 속에서도 멈추지 않고 가다 보면 길이 나오더라는 아이의 말이 기억난다.

벤자민학교는 아이들을 철나게 하는 학교라고 어느 부모님이 말씀하셨는데, 아이들은 주변 사람들이 믿어주고 아이 스스로 할 수 있도록 놓아 주면 제 발로 제 길을 간다. 처음에는 머뭇거리고 자신 없어 할지라도 자신을 믿어주는 한 사람만 있으면 걸음을 뗄 수 있다. 걸으면서 성장하고, 점점 더 씩씩하게 걷는다. 집과 학교가 아닌 다른 장소에서 낯선 사람들 속에 섞여 일하는 경험은 아이에게 걸음마 이후의 첫 자립이다. 다른 세계의 문을 빼꼼히 열어보는 것만으로도 아이는 그동안 한 번도 의식해보지 않은 부모님의 보살핌을 실감하게 된다. 항상 자신의 등 뒤에서 자신을 지켜 준 부모님께 눈을 맞추고 감사함을 전하는 순간, 아이는 어른의 세계로 한걸음 들어선다.

체력을 올리면
뇌력, 심력도 올라간다

벤자민학교는 체력을 매우 중시한다. 체력은 자신이 원하는 것을 실행하기 위한 기본 요건이자 뇌력과 심력을 기르는 토대이다. 벤자민학교에서는 '벤자민 12단'이라는 체력 단련 프로그램을 모든 학생이 이수하도록 한다. 벤자민 12단은 점수로 개인 평가를 하지 않는 벤자민학교에서 유일하게 테스트를 거쳐 승단하는 과정이다. 1단 팔굽혀펴기부터 시작해 12단 물구나무서서 걷기까지 꾸준히 연습하며 한 달에 한 단씩 오르는 것이 목표다. 여학생과 남학생 간에 기준치를 다르게 한 부분이 있지만 전체 12단 과정은 남녀 모두 똑같다. 입학 직후 체력 테스트를 해보면 대부분의 아이들이 팔굽혀펴기 몇 개 하기도 힘들어 한다. 그러나 매달 승단 테스트를 거치다 보면 어느덧 체력이 올라가 마침내 물구나무서서 걷기라는 목표를 달성하게 된다.

벤자민학교 졸업식 날이면 다함께 이를 확인할 수 있다. 학생들이 졸업장을 받기 위해 물구나무서서 교장선생님 앞으로 걸어 나오

■ 일 시 : 단기 4350년(2017년) 2월 16일 목요일   ■ 장 소 : 국학원

A Dream year Project
인생을 바꾸는 1년

학생들이 졸업장을 받기 위해 물구나무서서 걸어 나오는 장면은 졸업식의 하이라이트이다.

는 장관이 펼쳐지기 때문이다. 이때 객석에서는 웃음과 격려의 함성이 박수와 함께 터져 나온다. 물구나무서서 무대를 가로지른 졸업생들은 자랑스러운 표정으로 졸업장을 받아들고 스타처럼 무대인사를 하며 퍼포먼스를 즐긴다. 정말 즐겁고 뿌듯한 광경이다. 아이들이 건강하고 활달하게 성장하는 모습만큼 흐뭇한 광경이 어디 있겠는가.

어떤 배움도 아이의 건강보다 우선되지는 않는다. 그러나 우리 교육 현실은 청소년의 체력까지 챙길 여유는 없다는 식이다. 공부할 시간도 부족한데 운동할 틈이 어디 있느냐는 우리나라 고교생들의 현실이 안타깝다. 실제로 고교생들의 절반은 땀 흘리며 운동하는 시간이 일주일에 1시간도 안 된다고 한다. 또 전국 16개 시도 중·고교 체력 검사에서 10명 중 4명이 정상 체력 이하인 것으로 나타났다.

운동이 학업 능력에 미치는 영향을 연구한 존 레이티 하버드대 정신의학과 교수는 '세계적으로 운동 기반 교육을 강화하는 추세인데 한국은 거꾸로 가고 있다'면서 '온종일 학교와 학원에 앉아 있느라 몸을 쓰지 못하면 오히려 학생들 역량이 떨어지고 우울증까지 생길 수 있다'고 지적한다. 운동이나 학업이냐의 선택이 아니라 학업 능력을 높이기 위해서라도 운동을 해야 한다는 것이다.

미국 일리노이주의 네이퍼빌 센트럴 고등학교는 운동 기반 교육의 성과를 보여주는 대표적인 사례로 꼽힌다. 수학, 과학 성적이 전국 하위권이던 이 고등학교는 0교시에 전교생이 1.6킬로미터를 달리는 체육 수업을 하도록 했다. 이렇게 한 학기 동안 0교시 체육 수업을 한 결과, 읽기와 문장 이해력이 17퍼센트 증가하고, 체육 수업에 참여한 학생이 그렇지 않은 학생보다 성적이 두 배가량 향상됐다. 또 그해 전국 평가에서 과학은 1위, 수학은 6위에 올랐고, 대학 입학에서도 같은 그룹의 다른 학교들보다 좋은 성과를 거뒀다.

레이티 교수는 운동의 진정한 목적은 뇌의 구조를 개선하는 것이며, 운동이 생물학적 변화를 촉발해서 뇌세포들을 연결시킨다는 점을 강조한다. 뇌가 폭발적으로 요동치며 성인의 뇌로 성장해가는 청소년기에는 몸을 쓰는 활동을 통해 뇌 발달의 균형을 이루는 것이 특히 중요하다.

벤자민 12단은 단계별로 몸의 근력을 기르고, 유연성을 높이고, 골격을 바로잡고, 좌우 균형을 맞추도록 동작을 구성했다. 근력과 유연성과 균형 감각이 합을 이루는 순간 두 팔로 바닥을 딛고 걸을 수 있게 된다. 운동 감각이 없어서, 겁이 많아서, 몸이 약해서 못 할 거라고 했던 아이도 12단계를 따라 꾸준히 단련하면 대부분 물구나무서기에 성공한다. 운동장에서 공을 몰아 골대에 넣었을 때의 기쁨도 크지만, 벤자민 12단의 성취감은 몸이 오래도록 기억하면서 두고두고 자부심을 일깨워주는 성공 체험이다.

벤자민 12단 외에 뇌의 정서적 안정을 돕는 '뇌체조', 자기조절 능력과 집중력을 높이는 '브레인 명상', 전통 선도 무예인 '국학기공' 등의 프로그램을 활용해서 아이들이 몸과 마음을 균형 있게 단련하도록 한다. 특히 브레인 명상은 청소년기 아이들의 감정 조절 감각을 기르는 데 매우 도움이 된다. 청소년기에는 스트레스 자극을 쉽게 받고, 감정적 스트레스를 처리하는 능력이 미숙하기 때문에 공격적인 성향을 띠는 경우가 많다. 브레인 명상은 호흡에 집중해서 뇌파를 안정시키는 방식으로 자신의 감정 상태를 조절하는 감각을 기른다. 명상할 때는 긍정 메시지를 활용한다. 감정을 정화하고 몸을 편안하게 이완한 상태에서 자기 자신에게 자신감, 가치, 목표의식에 관한 메시지를 줌으로써 긍정적인 자기인식을 고취할 수 있다. 브레인 명상은 벤자민학교의 모든 과정에 들어가 있고, 학생

심신 단련 프로그램의 하나인 국학기공. 체력을 기르면 뇌력과 심력도 커진다.

과 교사를 포함한 학교의 구성원 모두 브레인 명상을 일상적으로 활용한다. 벤자민 프로젝트로 국토종주를 한 아이들이 도중에 힘들어서 포기하고 싶었을 때 브레인 명상을 하면서 고비의 순간을 넘겼다고 한다. 브레인 명상의 효과는 서울대, 영국 런던대, 한국뇌과학연구원이 공동 연구해 국제 학술지에 게재한 논문을 통해 입증한 바 있다.

몸과 뇌는 하나의 신경네트워크로 연결돼 있다. 따라서 체력을 기르면 뇌력과 심력도 함께 올라간다. 벤자민 12단, 뇌체조, 브레인 명상, 국학기공은 체력과 뇌력, 심력의 사이클을 가장 효과적으로 활성화하는 프로그램이라고 할 수 있다.

저마다의 특성에 맞춘 코칭으로
장점을 키운다

심리학자와 정신과 의사 등으로 이루어진 미국의 한 연구팀이 1950년대에 하와이 카우아이 섬에서 태어난 8백여 명의 아이들을 대상으로 성인이 될 때까지 추적 조사하는 대규모 연구를 진행했다. 카우아이 섬은 주민의 대다수가 범죄자나 알코올 중독자, 정신질환자일 만큼 열악한 상황에 처한 지역이었다. 이곳에서 자란 아이들은 다른 지역에 비해 사회 부적응자가 되는 비율이 높았다. 그러나 어떤 아이들은 학업과 인성 면에서 매우 훌륭하게 성장했다. 연구팀은 이 같은 경우가 어떻게 가능했는지를 알아내기 위해 이 아이들의 성장 배경을 분석했다. 오랜 시간을 들여 연구팀이 밝혀낸 사실은, 이들에게는 어떤 상황에서도 믿고 지지해준 '한 사람'이 있었다는 것이다.

아이를 믿어주는 단 한 사람의 지지가 아이를 지키고, 건강한 사회인으로 성장할 수 있게 한다. 아이와 가장 가깝고, 가장 많은 시간을 보내는 부모와 교사가 그 '한 사람'의 역할을 맡은 이들이다. 그러나 실상은 어떤가? 어떤 상황에서든 아이를 믿고 끝까지 응원하는가? 아이에게 믿음 대신 목표를 주고, 응원 대신 등 떠밀기를 하고 있지는 않은가?

아이를 무작정 믿고 지켜볼 수 없는 이유가 공부와 성적 때문이라고 부모와 교사들은 말할 것이다. 그러나 공부라는 험난한 과제를 수행하고 있기 때문에 더욱이 아이를 믿고 응원하는 힘이 필요한 것 아니겠는가. 부모와 교사에게서 그런 에너지를 받지 못하면 아이는 공부를 잘하든 못하든 정서적으로 불안한 상태를 홀로 견뎌야 하는 상황에 놓인다.

아이를 믿는다는 것은 부모의 바람대로 열심히 공부해서 성적을 올릴 거라고 기대하는 것이 아니다. 이 모든 것이 아이 스스로 자신의 길을 찾아가는 과정임을 인정하고 아이의 선택을 허용하는 것이다. 아이를 응원한다는 것은 성적을 올려서 더 좋은 대학에 가라고 격려하는 것이 아니다. 네 선택을 스스로 믿고 힘껏 달려보라고 지지해 주는 것이다.

요즘 부모들 중에는 아이의 보호자라기보다 매니저를 자처하는 경우가 적지 않다. 부모가 매니저가 되면 아이는 집을 잃는다. 따뜻하게 품어주고 마음 놓고 쉴 수 있던 집이 사라지고, 매니저가 관리하는 숙소 생활을 하게 된다. 보호자와 집을 잃은 아이의 풀죽은 모습이 부모의 눈에는 잘 들어오지 않는다. 아이 앞에 놓인 입시라는 목표에 온 신경이 집중돼 있어서다. 교육에 최선을 다하느라 아이를 돌볼 틈이 없는 부모도 실은 몹시 힘들고 불안하다.

만년 최하위인 대한민국 아이들의 행복지수를 조금이라도 높이려면 가장 먼저 부모가 보호자의 자리로 돌아가야 한다. 교사도 교육자의 자리를 되찾아야 한다. 교육 제도를 바꾸려면 시간이 오래

걸릴 터이니, 교사가 힘든 여건에서도 먼저 할 수 있는 부분을 찾아서 조금씩 바꿔가는 것이 결과적으로 교육 개혁을 앞당기는 일이다. 아이의 단 '한 사람'으로서 부모가 보호자의 자리에 있고, 교사가 교육자의 자리를 지킬 때 아이는 제 몫을 하는 건강한 인재로 성장할 수 있다.

벤자민학교의 교사들은 아이들을 지켜보고 응원하면서 기다리는 게 일이다. 그렇게 하는 데는 사실 꽤 많은 힘이 든다. 우선 교사 스스로 자신에 대한 믿음이 있어야 한다. 그렇지 않으면 아이의 반응에 따라 감정이 흔들리고, 그런 자신을 자책하다가 지치고 실망하기 십상이다. 자신을 믿고 아이 내면의 힘을 믿음으로써 끝까지 아이를 지지하는 힘을 잃지 않을 수 있다.

교육은 책임의 한계가 없는 일이어서 교육자들은 때때로 '나는 지금 무엇을 하고 있지?' 하는 회의에 빠지곤 한다. 어린이집 보육교사부터 초·중·고 교사, 학습지 선생님, 학원 강사까지 아이의 성장에 관여하는 일을 하는 사람이 잊지 않아야 하는 것은 자신이 아이의 영혼에 접속한다는 사실이다. 영혼은 생명의 중심에 있는 빛이다. 환하게 빛나기도 하고 어둠에 잠기기도 하며, 화산처럼 용솟음칠 수도 있고 늪처럼 꺼질 수도 있다. 영혼의 빛을 품은 생명체가 내 눈앞에서 나의 반응을 기다리는 모습은 두렵고도 가슴 떨리는 광경이다.

그런 생명체에게 무엇을 가르칠 것인가. 생명의 본성을 밝게 드러낼 수 있도록, 그 본성에 자신의 성정을 얹어서 잘 나아갈 수 있도록 곁에서 온기를 보태주는 것만으로도 교사로서의 도리에 부족함이 없다고 생각한다. 온기 속에서 아이는 스스로 공부하고 터득하며 재능을 드러낸다. 교사 또한 온기를 보태는 일로써 더욱 뜨거운 스승이 되어간다.

사상자가 속출하며 대부분 패잔병이 되어 사라지는 전쟁터를 학교라고 부르는 현실에서 교사들이라고 온전할 리가 없다. 교사들의 무력감과 좌절감은 심리적으로 교육 포기 상태에 이르게 할 만큼 깊다. 이 같은 상황을 바꾸기 위해 교사들 스스로 많은 노력을 하고 있고, 실제로 교육 현장의 새로운 시도들이 학교 교육의 희망을 살려내고 있다. 열정을 지닌 교사들이 교실 안팎에서 개별적으로 쏟는 노력은 매우 소중하다. 그러나 오로지 교사 개인의 역량에 기대어 책임을 전가하는 것은 옳지 않다. 반드시 제도의 변화가 따라야 하고, 그것을 가능하게 하는 사회의 인식이 더 우선해야 한다. 교육은 마땅히 우리 모두의 책임이 걸린 일이다. 자신의 생각은 그렇지 않으나 다들 그러니 어쩔 수 없다는 한탄은 책임을 회피하는 부끄러운 말이다. 다들 그럴지라도 자신의 생각을 믿고 선택하면 그때부터 변화가 시작된다.

벤자민학교 교사들이 사람의 본성에 대한 믿음을 바탕으로 실천하고자 노력하는 세 가지 원칙이 있다.

첫째, 아이 스스로 질문하게 한다. 질문하기는 교육의 본질에 닿

1년 동안 자유롭게 자신의 꿈을 탐색하는 아이들. 자신과 타인에 대한 믿음을 회복함으로써 아이들의 인생을 바꾸는 1년이 되도록 교사들은 최선을 다한다.

아 있는 기본 기능이다. 질문에서 공부의 방향이 나오고, 답을 얻기 위한 창의가 나온다. 유감이지만 여기서 또 우리나라 교육의 문제를 이야기하지 않을 수 없다. 지금 우리 교육은 질문하기의 중요성을 완전히 잊었다. 잊었다기보다는 덮기로 했다가 더 실상에 맞는 말일지도 모르겠다. 교육에서 질문하기를 배우지 못하면 질문하지 않는 사회, 질문하지 않는 기업이 되고, 그러한 사회와 기업의 끝이 어떤지를 보여주는 사례는 아주 많다. 창의적 인재 양성을 외치면서 질문은 사라진 교실의 역설을 되돌려야 한다.

벤자민학교 학생들은 자기 자신에게 질문한다. 학기 초에 시작되는 질문은 '내가 원하는 것이 무엇인가?'이다. 이는 시간이 흐르면서 '나는 누구인가?' 하는 질문으로 이어진다. 철학의 오랜 화두를 청소년들이 어떻게 다룰까 싶지만 아이들은 어렵지 않게 '연결 속에 존재하는 나'를 찾아낸다. 그것을 가능하게 하는 것은 '지구'를 인식하게 하는 체험이다. 여러 형태의 지구시민 과정을 통해 인류와 자연, 생명과 지구를 체험하고, 나–인류–지구의 연결을 자각한다. 질문은 내가 아직 모르는 세계의 문을 두드리는 행위다. 질문하는 순간, 그 세계와 내가 연결되고 보이지 않는 변화가 시작된다.

둘째, 아이를 잘 관찰하고 진심으로 칭찬한다. 칭찬은 아이에게 관심을 갖고 지켜본 만큼만 가능하고 유효하다. 양보를 잘하는 아이를 칭찬할 수 있지만, 그 모습에 가려진 마음까지 살핀다면 교사의 반응은 달라질 수 있다. 무심한 칭찬, 구체적이지 않은 칭찬, 지나친 칭찬은 오히려 역효과를 가져온다. 아이에 대해 깊이 알지 못하는 때라도 구체적인 상황과 진심을 담은 칭찬이라면 아이에게 긍정적인 영향을 미칠 수 있다.

칭찬받은 경험이 많지 않은 아이일수록 교사의 진심 어린 칭찬 한마디가 주는 영향은 크다. 한 번의 칭찬이 엄청난 동기유발로 이어져 재능을 폭발시키기도 한다. 이처럼 힘 있는 칭찬은 아이에 대한 관심과 진심에서 나온다. 칭찬만큼 좋은 응원이 없다.

셋째, 아이에게 스스로 할 수 있는 힘이 있음을 믿는다. 이 같은 믿음이 없으면 아이를 충분히 기다려 주지 못하고, 가르치려는 마음이 앞서게 된다. 교육학자들이 전망하는 앞으로의 교육은 티칭이 아니라 코칭이다. 세계의 교육 흐름이 코칭으로 가고 있다. 교과서를 펼치고 지식을 가르치는 일은 더 이상 의미가 없으며, 아이 스스로 탐구하고 발견하는 과정 중에 지식을 습득하고 창의를 펼치도록 교사가 코치 역할을 하는 것이다.

벤자민학교는 이에 크게 동의할 뿐 아니라 이미 코칭을 교육과정에 적극 적용하고 있다. 운동에서의 코치는 선수를 평가하는 사람이 아니라 선수의 특성을 정확히 파악해 장점을 키우는 역할을 한다. 교사의 코칭도 그와 다르지 않다. 학생 개개인의 특성을 살펴서 그에 따라 개별적인 지도를 할 수 있어야 한다. 그것은 가르치는 것과는 완전히 다른 감각이며, 인간에 대한 이해와 매우 사려 깊은 태도가 필요한 일이다.

관점과 태도를 바꾸는 것은 교사에게 큰 도전이다. 그런 만큼 교육자로서 성장하게 하는 기회이기도 하다. 도전을 통한 성장은 아이들에게만 주어지는 과제가 아님을 벤자민학교 교사들은 잘 알고 있다. 코칭의 기술은 중요하지 않다. 아이 스스로 할 수 있다는 믿음, 아이와 함께 성장하겠다는 자신감을 꽉 붙드는 것이 좋은 코칭의 시작이다.

학교 밖 선생님,
1천여 명의 전문 멘토단

벤자민학교에는 각 분야의 전문가로 이루어진 1천여 명의 멘토단이 있다. 이들은 아이들에게 필요하다면 기꺼이 자신의 시간을 내어 멘토링에 나서는 벤자민학교의 전국구 교사로 활약한다. 벤자민학교는 전국의 각 지역별로 교육관을 두고 교사를 배치하는데, 멘토는 자신이 거주하는 지역은 물론 전국 어느 지역의 학생과도 연결될 수 있다.

독창성에 관한 책 《오리지널스》를 쓴 애덤 그랜트는 '아이들은 자기 혼자서 목표를 세울 때보다 롤 모델이 있을 때 훨씬 높은 목표를 세우게 된다'고 했다. 자기 분야에서 탁월한 능력을 발휘하는 사람들은 대부분 성장기에 직간접적인 롤 모델로부터 깊은 영향을 받는다. 벤자민학교 아이들에게 멘토는 실질적인 도움을 주는 선생님이자 꿈을 갖게 하는 모델이다. 학부모들은 멘토제를 벤자민학교의 가장 특별한 강점으로 꼽는다.

학교를 자퇴해야 하는 것 때문에 아이를 벤자민학교에 보내는 것을 반대했는데, 아이가 원하니까 실패하더라도 경험은 남는다는 생각으로 허락했다. 입학을 허락한 또 한 가지 이유는 멘토제가 있어서였다. 멘토제가 잘 운영되고 있는 점이 믿음직하고 든든했다.

화가 안남숙 멘토와 함께 벽화 작업을 하는 학생들. 학부모들은 각 분야의 전문가로 이뤄진 1천여 명의 멘토단을 벤자민학교의 각별한 강점으로 꼽는다.

벤자민학교의 정말 좋은 점 중의 하나는 멘토제다. 일반 중·고등학교에서는 아이의 성적에 맞춰 진로를 정할 뿐, 아이의 진가를 보려고 하지 않는다. 그러나 벤자민학교에서는 아이를 어떻게 성장시킬 것인지 고민하면서 도움을 줄 멘토를 연결하는 등 학교가 아이에게 계속 집중하고 있는 것이 느껴진다. 아이가 이렇게 사랑과 관심을 받고 있어서 무척 안심이 되고 학교에 고마운 마음이 든다.

그림 전시회를 벤자민 프로젝트로 정하면서 학교에서 화가 선생님을 멘토로 연결해 주었는데, 멘토 선생님을 매주 한 번씩 만나다가 그림 전시회가 다가오면서 거의 매일 만났다. 멘토 선생님의 도움 덕분에 전시회를 무사히 마쳤다고 생각한다. 선생님이 내게 '사람들에게 따뜻한 에너지를 주는 작가로 성장할 것'이라고 하신 말씀이 마음에 크게 남는다.

중학생 때 그만둔 피아노 연주를 벤자민학교에 와서 다시 시작했는데, 피아노를 전공으로 선택할지 결정해야 하는 때가 되자 마음을 정하지 못해 불안하고 우울했다. 그때 만난 피아니스트 멘토 선생님께 "저는 피아노 치기에 너무 늦은 거 아녜요?" 하니 "한번 해보자. 어떤 결과가 있든 함께 끝까지 해보자"고 하셨다. 선생님의 말씀에 용기를 얻어 레슨을 받기로 했다. 멘토 선생님의 레슨은 충격적이라고 할 만큼 내게 큰 자극이 되었고, 이후 참가한 경연 대회에서 연속으로 대상을 받았다.

나는 꿈이 경찰이어서 경찰이 어떤 일을 하는지, 내게 맞는 직업인지 알아보기 위해 1박 2일의 군인 병영체험을 했다. 또 현직 경찰관을 멘토로 만나서 경찰이라는 직업에 대해 궁금한 것들을 질문하고 많은 이야기를 들었다. 멘토 경찰관님이 경찰서 내부를 직접 보여 주셔서 곳곳을 둘러보며 경찰이 어떤 일을 하는지 더 자세히 알 수 있어서 좋았다.

학생과 학부모들은 멘토제가 아니었으면 정보를 찾아 인터넷만 여기저기 뒤졌을 거라면서, 직접 전문가를 만나는 것이 정말 큰 도움이 되었다고 이야기한다. 자신의 경험과 시간을 기꺼이 나누는 멘토단에게 주어지는 유일한 보상은 아이들이 한 발 한 발 내딛으며 성장하는 모습을 보는 것이다. 멘토 활동을 꾸준히 이어오고 있는 두 멘토의 이야기를 들어본다.

4년 전에 벤자민학교 학생을 처음 만났는데, 그때 멘티로 만난 학생이 단기간에 훌쩍 성장하는 모습을 보고 놀라기도 하고 내가 자극을 받은 면도 있어서 멘토로 계속 활동하고 있다. 내가 만약 그림을 공부하는 과정 중에 멘토를 만났다면 어땠을까 하는 생각도 해봤는데, 전공 선택이나 취업을 하면서 겪은 시행착오를 조금은 더 줄일 수 있지 않았을까 싶다.

멘토링을 하면서 보니 아이들은 앞으로 나아갈 준비가 되어 있는데 교육이 오히려 아이들을 붙잡고 있다는 느낌이 들었다. 공교육 체제 안에서 획일적인 평가만 경험한 아이는 자신의 그림 실력을 믿지 못하는 경우가 많다. 이런 경우 아이에게 먼저 낙서를 마음껏 하게 한다. 그러면 달라진다. 아이들을 작은 틀에 가두는 교육이 너무 안타깝다. 많이 위축되어 온 아이들은 벤자민학교에 다니는 동안에도 움츠린 채 지내다가 졸업 후에 부쩍 달라지는 모습을 보이기도 한다. 벤자민학교에서의 경험이 아이의 내면에 보이지 않는 치유의 시간이 되지 않았을까 생각한다. 멘토 역할을 하면서 나도 벤자민학교의 학생이 된 듯한 경험을 하기도 한다. 벤자민 프로젝트를 하는 아이들처럼 나도 적극적으로 도전하겠다 마음먹으니 해외 전시회에 초대되거나 작품을 알릴 기회가 더 많이 열리고 있다. _일러스트레이터 **한지수** 멘토

한 아이를 키우려면 온 마을이 필요하다고 하는데, 벤자민학교 멘토 활동을 하면서 내 아이만이 아니라 우리 모두의 아이를 기른다는 생각을 갖게 됐다. 벤자민학교 첫 해부터 멘토 활동을 해오면서 시간이 흐를수록 내가 아이들에게 배우는 게 많다고 느낀다. 그래서 아이들 앞에서 강연할 때면 '내가 멘토인지 멘티인지 모르겠다'는 말로 시작한다. 나는 학창 시절과 청년 시절을 매우 힘들게 보냈기 때문에 꿈을 찾으려는 아이들에게 도움이 되고 싶은 마음이 크다. 멘토를 할 자격이 있어서가 아니라 아이들과 함께 성장한다는 마음으로 무슨 일이든 맡아서 기쁘게 하고 있다. 이런 기회를 가질 수 있어서 무척 감사하다. _기업가 **권대한** 멘토

지구를 살리는 삶의 방식을
선택하는 지구시민

요즘 아이들은 자라면서 마을 공동체를 경험하는 일이 드물다. 마을이라는 단위는 아파트 단지로 대체되었고, 공동체 생활문화도 사라진 지 오래다. 공동체는 사회복지제도에 앞서 강력한 사회안전망 구실을 해왔다. 그런 공동체가 급속히 소멸하고 있다. 공동체 문화가 쇠퇴하면 전체와 개인, 개인과 개인의 연결고리가 약해지고, 단절감과 소외감 속에 각자도생하는 방식으로 삶을 버텨야 한다. 인간은 본능적으로 연결되기를 열망한다. 사람들과 관계를 맺고, 사회의 일원으로 인정받으면서 소속감과 안정감을 얻고자 한다. 연결 속에서 자신의 존재를 인식하고 자신의 가치를 확인하기도 한다. 공동체라는 삶의 환경이 무너지는 현실은 개인들의 의지로 만든 것이 아니다. 무소불위한 자본의 힘에 모든 가치가 종속되면서 공동체의 역할이 급격히 약화된 것이다.

공동체를 되살려 공존공영의 환경을 만들어내야 하는 과제가 우리 앞에 놓여 있다. 내가 속한 지역 공동체부터 인류 단위의 세계 공동체, 모든 생명의 뿌리인 지구 공동체까지 모두가 연결되어 있음을 자각하는 것부터가 시작이다. 연결을 인식하고 연결의 힘을 활용하면 우리의 삶과 세계를 새롭게 향상시킬 수 있다. 페이스북 창업자인 마크 저커버그는 하버드대학교 졸업식 축사에서 이와 같은 개념의 세계시민 공동체를 강조하며 이렇게 말했다. "밀레니엄 세대에게 무엇이 우리의 정체성을 정의하는지 묻는 설문조사가 있었는데 가장 많이 나온 답은 국적이나 종교, 민족이 아닌 '세계시민'이었다. 이제 우리에게 가장 큰 기회는 '세계'이다. 우리는 빈곤과 질병을 끝낼 수 있는 세대가 될 수 있을 것이다. 우리가 직면한 엄청난 과제들 또한 세계의 참여가 필요한데, 그 어떤 국가도 홀로 기후 변화에 맞서거나 전염병을 예방할 수는 없다. 이제 도시 단위나 몇몇 국가들만이 아닌 전 세계 공동체가 힘을 합쳐야 한다." 그는 갓 태어난 딸에게 쓴 편지에서도 세계시민으로서의 책임감을 언급했다. "엄마와 아빠는 널 사랑하고, 너뿐만 아니라 많은 아이들에게 더 좋은 세상을 물려주기 위해 큰 책임을 느낀단다. 우리는 네가 우리에게 준 것과 같은 사랑, 희망 그리고 기쁨으로 가득한 삶을 살길 바란다. 네가 앞으로 이 세상을 위해 어떤 공헌을 해낼지 너무나 기대되는구나." 저커버그는 사회에 첫걸음을 내딛는 청년들에게, 그리고 지구에서의 삶을 막 시작한 아기에게 세계시민으로서 세상에 공헌하는 사람이 되자고 말한다.

세계시민이라는 정체성을 갖고 공헌의 가치를 실현하는 것. 이는 미래 인재가 갖춰야 하는 필수 요건이다. 또한 벤자민학교 인성영재들의 자질이기도 하다. 벤자민학교 아이들은 벤자민 프로젝트를 통해 지역 공동체를 경험한다. 가정과 학교가 생활의 전부였던 아이들은 대부분 지역사회를 경험해보지 못했고, 관심을 가져본 적도

학생들은 스스로 지역 봉사활동을 계획하고 이를 통해 공동체를 경험한다.

없다. 벤자민 프로젝트로 무엇을 할지 찾던 중에 비로소 자기가 사는 지역을 둘러보게 된다. 지역 사정을 알아보기 위해 관청을 찾아가기도 하고, 주민을 대상으로 시행되고 있는 제도도 살펴보고, 참여할 만한 행사가 있는지도 찾아본다. 그렇게 하면서 자신이 사는 지역의 특성을 알아가고 지역 문화에도 관심을 갖게 된다.

지역사회와 연결해서 진행한 벤자민 프로젝트로는 우리 지역 문화재 돌보기(사회공헌대회 공모전 여성가족부 장관상, 광주교육감상, 전남교육감상), 해운대를 깨끗하게 만든 부산광역시 청소년봉사대회(청소년활동진흥센터장상), 안양·군포·의왕 지역의 거리를 바꾼 환경지킴이

지구시민 의식을 깨우는 해외 봉사활동도 다양하게 이루어진다.

활동(환경지킴이상) 등이 있다. 이는 모두 지역사회에 공헌할 수 있
는 일을 스스로 찾아서 자발적으로 실행한 프로젝트들이다. 아이
들의 꾸준한 활동이 알려지면서 관련 단체에서 주는 상도 여럿 수
상했다.

　프로젝트를 진행하면서 지역 전문가들을 만나게 되는 경우에는
이들이 자연스럽게 멘토로 연결되어 학생들과 교류를 이어간다. 아
이들이 이 같은 과정을 경험하면 이전과는 다른 눈으로 지역사회를
보게 된다. 동네 이름과 거리명이 적힌 평면 지도와 다름없던 곳이
사람들이 모여 사는 온기 있는 공간으로 느껴지고, 자신과 가족과

친구들이 그곳에 연결되어 있음을 실감한다.

공동체 체험을 더 키우는 해외 연계 프로젝트도 다양하게 진행한다. 뇌교육 기반 세계시민교육 공동학습 워크숍, 다른 나라에 우리 문화 알리기 프로젝트, 베트남·미얀마·필리핀·캄보디아·동티모르 등 청소년 해외 봉사활동(여성가족부 장관상), 네팔 지진 구호를 위한 어린이옷 보내기, 한국과 일본의 인성영재가 만나는 한일 유스 글로벌 캠프(Korea-Japan Youth Global Camp) 등이다.

다른 나라 문화를 처음 접할 때 아이들은 낯설어서 주춤거리기도 하지만 또래들과 금방 어울리며 서로의 것을 나누고 흡수한다. 해외 봉사활동에 다녀온 한 학생은 사람에 대한 편견이 사라졌다고 했다. 자신과 성향이 맞지 않거나 성격이 다르면 어울릴 수 없다고 생각했는데, 언어도 다르고 문화도 다르고 사고방식도 다른 사람들을 만나 협력해야 하는 상황을 겪으면서 서로 다른 점들을 존중할 수 있게 됐다는 나눔에 모두가 공감의 박수를 보냈다.

해외 봉사활동을 경험한 아이들은 국내에서 봉사단을 만들어 봉사활동을 이어가기도 한다. 봉사 현장에 나가보니 내가 도움받는 부분이 많아서 봉사라기보다는 홍익이라고 하는 것이 맞겠더라고 한 학생의 나눔은 우리 아이들의 의식이 얼마나 밝은지를 새삼 깨우쳐 준다.

내 생각은 다르다고 말할 수 있는 힘

동티모르 해외 자원봉사에 참여한 **이영신** 학생

여성가족부에서 모집한 청소년 해외 자원봉사단에 선정되어 열흘 동안 동티모르에 가게 되었다. 그곳 학교에서 교육 봉사를 하면서 서로의 문화를 교류하는 활동을 했다. 처음에 출발할 때는 우리가 그 아이들에게 주기만 할 줄 알았는데, 다녀와서 돌이켜보니 받은 것이 더 많은 것 같다. 우리와는 많이 다른 사람일 줄 알았다. 그런데 정말 나와 똑같은 지구인이었다. 선진국, 후진국으로 나누어 생각한 것은 우리였다. 그 사람들은 아무 편견 없이 순수하게 우리를 대해 주었다. 이번 경험을 통해 지구시민 의식을 생생하게 느낄 수 있었다.

행복이 무엇인지도 생각해 보았다. 우리는 미래를 위해 현재를 견디는 경우가 많은데, 동티모르 사람들은 행복하기 위해서 일을 하는 것이 아니라 그냥 사는 것 자체가 행복해 보였다. 행복을 찾을 게 아니라 현재에 집중해 지금 바로 행복해지는 것이 중요하다는 것을 알았다.

교육에서도 우리와는 다른 것이 보였다. 우리를 인솔하신 선생님이 '아이들이 수업에 집중하지 못하면 그냥 나가서 놀게 하라'고 하

동티모르의 학교에서 교육 봉사를 하면서 교육의 가치와 행복에 대해 새로운 깨우침을 얻은 이영신 학생

셨다. 한국에서는 학생들이 수업에 집중을 하든 못 하든, 수업을 잘 따라오든 아니든 무조건 진도 나가기 바쁜데, 그곳에서는 수업을 학생 중심으로 하는 것이 인상 깊었다.

동티모르 해외 봉사를 마치고 돌아와서 벤자민학교에서 그동안 친구들과 활동했던 사진을 모아 달력 2백 부를 만들었다. 달력 판매 수익금으로 친구들과 몽골에 갈 계획이다. 드넓은 초원에서 말을 타고 자유롭게 달려보고 싶다. 학교 다닐 때는 내가 누구인지 깊이 생각해보지 않았는데 벤자민학교에서는 시간이 많으니까 나에 관해 생각해 봤다. 예전에는 나 자신을 다혈질이라고 생각했는데 지금은 내 안에 수많은 모습이 있다는 것을 안다. 나에게 이렇게 다양한 모습이 존재하는 것처럼 다른 사람도 마찬가지일 거라고 생각한다. 또 예전에는 누가 내게 하고 싶은 게 뭐냐고 물으면 얼른 대답을 못했다. 생각해본 적이 없어서다. 그런데 지금은 하고 싶은 것이 너무 많아서 대답하기가 어렵다.

나에게 달라진 점이 더 있다. 다른 사람의 눈치를 보는 습관이 많이 없어졌고, 내 생각은 다르다고 말할 수 있는 힘이 생겼다. 이전에는 똑같은 교복 입고 똑같은 교과서로 공부하면서 시험의 정답을 맞혀야 했지만, 벤자민학교에서는 각자 저마다의 답을 찾으면 된다. 동티모르에서 느낀 것처럼 지금 이 순간에 집중하면서 많은 경험을 쌓고 싶다. 경험을 공부 삼아 좋은 연기자가 되고 싶다는 꿈도 점점 자라고 있다.

• • •

1년제 벤자민학교의 2학기 후반에 이르면 인성영재 과정의 정점인 글로벌 리더십 지구시민 캠프 준비가 시작된다. 미국의 서부 사막지대인 세도나에서 열흘간 열리는 지구시민 캠프는 벤자민학교 아이들이 자신의 꿈을 설계하는 시간이다. 아이들은 태고의 신비를 간직한 대자연의 품속에서 지구와 연결된 자신을 느낀다. 앞으로 펼쳐질 자신의 삶을 상상하고, 어떻게 살 것인지 스스로 묻는다. 그 물음을 통해 아이는 자기 자신과 깊이 연결된다.

연결의 감각이 살아 있을 때 우리는 현재를 즐기고, 미래를 꿈꿀

벤자민학교 학생들은 물구나무서기를 '지구들기'라고 한다. 사진의 위아래를 뒤집어보면 지구를 든 사람이 된다. 대자연 속에서 지구시민의 마음을 새기는 순간이다.

수 있다. 지구시민 캠프에 참가한 신채은 학생은 "어떤 직업이나 일이 아닌, 세상에 긍정적인 영향을 주는 사람이 되는 것을 꿈으로 삼았다"고 한다. 청소년 시기에 '좋은 영향력'을 인식한다는 것은 앞으로의 삶에 정말 좋은 영향력을 미칠 소중한 자각이다.

좋은 대학에 가는 것을 목표로 공부해서 전교 1등을 했지만 호기심 많은 자신의 성격에는 학교생활이 너무 재미없어서 벤자민학교를 택했다는 문종영 학생은 자신의 꿈을 이렇게 말한다. "나는 로봇공학도 하고 싶고 천체물리학도 하고 싶다. 프로그래머를 하고 싶기도 하고 교사가 되고 싶기도 하다. 지금은 하고 싶은 게 너무 많아서 어느 한 가지를 정하진 못했지만, 앞으로 어떤 일을 하든지 꼭 이루고 싶은 한 가지 꿈이 있다. 그것은 지구에 도움이 되는, 홍익하는 사람이 되는 것이다."

세도나의 대자연 속에서 아이들은 인생의 나침반이 되어줄 꿈을 설계한다. 지구의 살아 있는 숨결을 아주 가까이서 느끼며 지구 환경을 삶의 문제로 자각하기도 한다. 캠프를 통해 아이들은 인간 중심의 세계시민에서 생명 중심의 지구시민으로 의식이 확장되는 경험을 한다. 인간의 삶 위주로 세계를 바꾸는 것만으로는 충분치 않다. 인간뿐 아니라 모든 생명의 공존을 위해 지구 차원에서 사고하고 선택해야 지구공동체를 유지할 수 있다. 이 같은 의식을 깨운 아이들이 성장하여 지구시민 사회를 만드는 것이 벤자민학교의 꿈이다. 이 꿈을 세상의 더 많은 학교가 공유한다면 인류의 미래에 희망이 있다고 말해도 좋을 것이다.

한·미·일 학생들이 함께하는 글로벌 리더십 지구시민 캠프

몇 해 전, 일본 나고야대학과 동경대학에서 열린 '글로벌 멘탈헬스 국제 세미나'에 벤자민학교의 김나옥 교장이 참석해 청소년 멘탈헬스의 우수 사례로 벤자민학교 교육과정과 학생들의 성장 스토리를 발표했다. 현장의 큰 관심을 모은 발표였는데, 이를 계기로 일본의 비영리 민간단체인 지구시민학교와 학교 설립에 대한 협약을 맺고

한·미·일 3국의 학생들이 참가한 글로벌 리더십 지구시민 캠프

2016년 초에 일본 벤자민인성영재학교를 개교했다.

  이후 한국과 일본의 벤자민학교 학생들은 공동 프로젝트를 기획해서 만남의 기회를 가졌다. 2017년에는 일본 학생들이 한국에 와서 인천에서 부산까지 국토종주를 하고, 한국 학생들은 일본 나고야에서 동경까지 국토종주를 함께 했다. 국토종주에 이어 한·일 청소년 정상회담을 진행하고, 지구사랑 캠페인을 펼치기도 했다. 이는 글로벌 마인드와 리더십 함양을 목표로 기획한 프로젝트였다. 국경과 언어를 넘어 지구시민 정신으로 하나 되는 '한·일 유스 글로벌 캠프'도 매년 개최하고 있다.

미국에서는 공교육 고등학교 과정에 벤자민 프로그램을 도입했다. 학교 규모보다 더 중요한 것은 벤자민학교의 가치와 비전을 보급하는 것이다. 일본과 미국의 벤자민학교 교사들은 한 목소리로 인성영재 교육이 일본의 희망, 미국의 희망이라고 말한다.

일본과 미국에 벤자민학교가 생기면서 한·미·일 3개국 벤자민학교 학생들이 뉴질랜드에 모여 첫 번째 글로벌 리더십 지구시민 캠프를 열었다. 학생들은 뉴질랜드의 대자연 속에서 서로 언어가 달라도 소통되는 경험을 하면서 짧지만 깊은 교류의 순간을 함께했다. 지구시민 특강에 참여해 진지하게 토론을 벌이는 학생들을 보면서 앞으로 이들이 지구를 경영할 다음 세대의 리더라는 생각을 했다.

두 번째 글로벌 리더십 지구시민 캠프는 미국 세도나에서, 세 번째는 다시 뉴질랜드에서 열렸다. 이 같은 국제 교류 프로젝트는 벤자민학교의 큰 강점이다. 만나서 함께하는 국제캠프뿐 아니라, 각국에서 진행하는 캠프에 화상으로 동시에 참여해 특강을 듣거나 대화를 나누기도 한다. 앞으로 벤자민학교의 글로벌 리더십 지구시민 캠프가 세계적인 청소년 리더십 캠프가 되도록 지구시민 교육에 더욱 힘을 기울일 것이다.

청년을 위한 시간, '벤자민갭이어'

벤자민학교를 시작하고 가장 많이 들은 말이 '나도 이런 학교에 다니고 싶다'는 것이었다. 중·고등학생 자녀를 둔 학부모들이 주로 그랬고, 학창 시절을 마감한 청년들도 아쉬운 탄식과 함께 그렇게 말했다.

장년층의 경우에는 근래 인생학교 같은 공부의 기회가 다양해지고 있어서 뜻만 있으면 삶을 성찰하고 재정비하는 시간을 가질 수 있다. 청년들의 경우에도 공부할 자리가 숱하나, 문제는 자기가 갈 길의 방향을 모르면 무엇도 선택하기 어렵다는 것이다. 초·중·고를 거쳐 대학까지 천신만고의 과정을 치르고 사회의 문턱에 섰는데, 정작 어디로 가야 할지 몰라 당황하는 청년들이 많다. 자기 자신에 대해 탐색하고, 자신이 원하는 것을 찾기 위해 집중하는 시간을 충분히 갖지 못했기 때문이다. 사회의 문턱에서 막막함을 느끼는 청년들이 벤자민학교를 보면 '나도 저런 시간을 가졌더라면' 하는 생각이 자연스럽게 들 것이다. 그래서 청년들을 위한 벤자민학교 과정으로 '벤자민갭이어'를 만들었다.

갭이어gap year란 학업이나 직장을 일정 기간 쉬면서 자기계발과 진로탐색을 위한 시간을 갖는 것을 말한다. 유럽이나 미국의 대학들은 학생들이 대학생활을 시작하기 전에 갭이어를 권장한다. 20대 청년들을 대상으로 1년 과정의 벤자민갭이어를 개설하자 새로운

'청춘을 홍익하라'는 슬로건과 함께 지구시민으로서 공헌하는 삶을 꿈꾸는
벤자민갭이어 청년들

터닝 포인트를 모색하던 청년들이 줄을 이었다. 첫해에 6백여 명이
오고, 이후 매년 수백 명이 벤자민갭이어를 찾고 있다.

벤자민갭이어의 교육과정은 벤자민학교의 기본 과정을 중심으
로 리더 양성을 위한 지구시민 교육과 글로벌 리더십 교육에 초점
을 맞춘다. 벤자민학교의 벤자민 프로젝트에 해당하는 갭이어 프로
젝트와 벤자민 12단을 수행하고, 삶의 주인이 되는 브레인 워크숍,
멘토 특강, 멘토링과 진로 상담, 뇌교육 전문가의 개별 코칭, 주제
토론, 글로벌 리더십 과정, 청년 강사를 양성하는 세계시민교육 워
크숍 등을 진행한다.

벤자민갭이어의 핵심은 역시 갭이어 프로젝트다. 특히 학생들이 관심을 갖는 주제는 '지속가능한 미래와 지구'이다. 이는 시대의 과제이고, 그만큼 청년들의 진로와도 연관된 문제이기 때문에 프로젝트 아이템이 집중된다. 지역 하천 정화를 위한 EM(유익한 미생물) 흙공 던지기 같은 환경 활동, 우리 역사와 민족정신을 공부하고 알리는 역사 캠페인, 초·중·고 학생들의 진로 찾기를 돕는 멘토링 등 다양한 활동이 이루어진다.

참여가 자유로운 글로벌 프로젝트 활동도 점차 활발해지고 있다. 벤자민학교와 벤자민갭이어 학생들이 함께 '아이케어 벤자민ICARE BENJAMIN'이라는 국제 지구시민 청년단을 만들어 네팔 어린이에게 옷 보내기, 캄보디아 어린이에게 직접 꾸민 실내화 보내기 등을 추진했다. 한·중·일 지구경영 워크숍에 참가한 멤버들이 주축이 되어 결성한 '한·중·일 지구시민 청년클럽'은 《한국인만 모르는 다른 대한민국》의 저자 이만열(임마누엘 페스트라이쉬) 교수가 정기적인 온오프 만남을 제시하면서 시작된 아시아 청년 네트워크이다. '청년, 뇌, 지구'를 주제로 지구촌의 새로운 미래를 모색하는 활동을 펼친다. 볼런티어 과정에 지원하면 세계지구시민운동본부가 있는 뉴질랜드에서 업무 스태프로 일하면서 영어 공부도 함께 하는 기회를 얻을 수 있다.

각종 프로젝트를 수행하며 지구시민 리더십을 경험한 벤자민갭이어 학생들의 이야기를 들어본다.

벤자민갭이어에 입학한 친구의 초대를 받아 갭이어 페스티벌에 갔는데 그 자리에서 친구가 자신감 있게 발표하는 모습을 보고 깜짝 놀랐다. 사람들 앞에 서는 걸 힘들어 하는 소심한 친구였는데 그렇게 달라진 모습을 보니 나도 더 적극적인 사람이 되어야겠다는 마음이 생겨 입학을 결심했다. 매달 다양한 주제로 열리는 워크숍이 성장에 많은 도움이 됐다. 우리 역사에 대한 자긍심을 높이고, 프로젝트 발표를 통해 자신감을 키울 수 있었다. 자기 성찰 프로그램과 전문가의 멘토 특강을 통해서는 시야가 넓어지는 경험을 했다. 대한민국 교육을 주제로 토론한 청년 좌담회도 기억에 남는다. 교육 문제는 교육 제도의 문제라고 생각했는데 근본적으로 사회 구성원들의 의식이 바뀌어야 하는 문제임을 알았다. 우리나라 교육이 입시와 취업에 맞춘 교육이 아닌, 꿈을 찾는 교육이 되길 바란다.

벤자민갭이어 과정은 나 자신을 묶고 있던 틀에서 벗어나 더 긍정적이고 유연한 모습을 찾게 해 주었다. 내가 변화한 데는 벤자민갭이어의 교장·교감 선생님, 지역 매니저, 멘토 그리고 동기들의 영향이 컸다. 그들과의 관계 속에서 사람과 세상에 대한 믿음이 커졌고, 실수하고 실패해도 다시 하면 된다는 유연한 마음을 갖게 됐다. _ **정가인**

부모님이 브라질로 이민을 가셔서 나는 브라질에서 태어났다. 대학을 졸업하고 컨설팅 회사를 다니다가 뭔가를 찾고 싶은 마음에 한국에 왔는데 그때 친구가 벤자민갭이어를 소개했다. 새로운 도전을 통해 내 안의 꿈을 찾는 과정이라는 설명에 주저하지 않고 입학을 결정했다.

벤자민갭이어에서 내가 만난 행운은 명상과 뇌교육이었다. 명상의 효과와 뇌교육의 가치를 알고, 브라질에 있는 회사와 화상으로 뇌교육 기반 명상을 지도하는 프로젝트를 시작했다. 평일에 1시간 반씩 진행했는데 놀랍게도 겨우 일주일 남짓 지난 무렵에 직원들이 '일의 효율이 높아졌다', '팀 단합이 잘 된다', '스트레스가 줄었다'는 반응을 보였다. 나 역시 이 프로젝트를 하면서 여러 변화를 경험했다. 처음에는 '내가 과연 사람들을 잘 이끌 수 있을까' 하는 두려움이 있었는데, 나 자신을 믿고 시작하니 두려운 마음은 금세 사라지고 자신감이 생겼다.

벤자민갭이어에서 한국의 청년들을 만나 교육, 사회, 환경을 주제로 많은 대화를 나누며 시야가 더 넓어짐을 느꼈다. 나보다 어린 친구들이 대한민국과 지구를 위해 행동하는 모습을 보고 감동을 받기도 했다. 어른보다 훨씬 큰 의식과 사명감을 갖고 행동하는 청년들이 여기에 있구나 하고 감탄했다. 자신의 가치를 발견하고 실현할 수 있는 한국의 뇌교육을 브라질과 아프리카 등지에 전하고 싶다. 뚜렷한 계획 없이 한국에 와서 혼란을 겪다가 벤자민갭이어 덕분에 힘든 고비를 넘기고 새로운 나를 마주했다. 나는 내가 생각하는 것보다 훨씬 강하고 능력 있는 사람임을 믿고, 나를 사랑하는 것부터 하기로 했다. 그래야 주변이 바뀌고 세상이 변화하니까. _ 김우형

쇼핑몰, 바텐더, 바리스타, 사무직, 우유 배달, 그림 판매, 판촉 등 여러 가지 직업을 경험했다. 서른 살이 목전이니 그 전에 결판을 내자는 생각으로 벤자민갭이어에 입학했다. 먼저 체력을 기르기로 마음먹고 벤자민 12단을 시작했다. 예전에는 몸에 많이 매여 있었다. 건강에 신경을 쓴다면서 병원에 자주 갔다. 그런데 벤자민갭이어를 하면서부터 아프다는 말을 하지 않게 되었다. 마음이 안정되니까 몸이 자연스럽게 좋아진 것 같다. 체력을 단련하면서 끈기도 강해졌고, 무슨 일을 시작하기가 어려웠는데 지금은 주저하지 않고 선택하는 힘이 생겼다.

갭이어 프로젝트는 '100번 강의하기'였다. 노인정, 중학교, 대학교 등 다양한 장소에서 연령층에 따라 건강, 체조, 세계시민교육 등을 주제로 강연을 했는데 100번을 다 채우지는 못했다. 벤자민갭이어에 오기 전에는 지구에 관해 생각해본 적이 없다. 지구시민 의식은 내게 신선한 충격이었다. 돈과 명예, 성공을 좇아 아등바등 살아도 지구 환경이 망가지면 무슨 소용인가 하는 생각이 들었고, 그러자 세상이 다르게 보였다.

꿈에 대한 생각도 달라졌다. 그동안 여러 직업을 돌면서 이렇게

만날 경험만 하다가 언제 꿈을 찾나 막막했는데, 꿈은 한순간에 갑자기 나타나는 것이 아니라 경험이 쌓여 꿈으로 가는 길이 된다는 것을 알았다. 내 경험들이 헛되지 않고 꿈에 이르는 과정이라 생각하니 새롭게 힘이 났다. 나는 내가 생각하는 것보다 훨씬 큰 사람이며, 내가 지구의 희망이라는 의식을 갖고 '모두가 행복한 세상'을 위해 행동할 것이다. 우선 100번의 강연을 채우는 것부터. _ 김명섭

스물다섯 살만 돼도 반오십이라며 나이 먹었다고 생각하는 요즘 청년들에게 서른은 큰 압박감으로 다가온다. 서른 살을 앞두고 돌아보니 지금껏 열정을 가지고 뭔가를 해본 적이 없었다. 그냥 하라는 대로 하면서 살았고, 내 욕구를 참으면서 말 잘 듣는 사람으로 지냈다. 벤자민갭이어 페스티벌에 가서 봤던 청년들은 행복해 보였다. 내 인생에 동기부여가 절실하다는 생각에 벤자민갭이어를 선택했다. 공정 여행 프로젝트, 연극 공연 프로젝트, 북 콘서트, 각종 워크숍 등 참여한 모든 활동이 새롭고 좋았다. 그동안 무기력하게 살아온 탓에 내 안에 있는 것을 밖으로 표출하지 못했는데, 여러 활동을 하고 새로운 사람들을 만나면서 점차 솔직하게 나를 드러내는 연습을 하고 있다.

나는 어떤 일을 하려고 결심하기까지 시간이 많이 걸리는 사람이었다. 그런데 지금은 생각을 하면 바로 실천한다. 나보다 어린

동기 청년들과 교류하면서 그런 활기를 얻은 것 같다. 내 삶이 이렇게 달라질 줄 몰랐다. 늘 모든 게 허무하다고 생각하며 살았는데, 꿈을 찾아 적극적으로 움직이는 나 자신이 정말 새롭다. 마침내 나 자신을 사랑하게 된 것일까. 남들과 비교하면서 움츠러드는 일도 없다. 올해는 내가 무엇이든 할 수 있는 사람이라는 것을 알았으니 내년에는 좀 더 구체적으로 하고 싶은 것을 찾아서 미루지 않고 하나씩 실천하려고 한다. 목표를 이루는 과정도 행복했으면 좋겠다. _ 김태은

공연 기획사에서 밤낮없이 3년 정도 일하면서 번아웃 상태에 빠졌다. 분명히 좋아서 한 일이었는데 그마저 확신이 없어져 직장을 그만두고 방황하던 중에 벤자민갭이어를 알게 됐다. 그동안 회사에 매여 일만 했던 터라 벤자민갭이어의 여러 활동에 열정적으로 참여했다. 정규 과정 외에 각종 봉사활동, 기공대회 참가, 바자회, 후원회 등에도 빠짐없이 적극 참여했다.

그런데 반 년 정도 지나면서부터 점점 불안해졌다. 이런저런 경험이 쌓이기만 할 뿐 명확한 목표를 정하지 못하고, 꿈도 보이지 않았다. 인생의 방향을 잡지 못해 지금껏 방황하는 나 자신을 대면하기가 무척 힘들었다. 어떤 삶을 살 것인지 나 자신에게 계속 물었다. 나 혼자만이 아닌 모든 사람이 건강하고 행복하게 살면 좋겠고, 그런 세상을 만드는 일을 하고 싶다는 생각을 하자 가슴이 뜨

거워졌다. 내 가슴을 뜨겁게 하는 것이 내 꿈이고 내 길이다 생각했다. 꿈을 이루기 위해 이제부터 차근차근 내 길을 갈 것이다.

다른 사람에게 먼저 말 걸지 않는 무뚝뚝한 성격도 바뀌고 있다. 벤자민갭이어를 하면서 사람들을 많이 만나다 보니 먼저 다가가야 하는 경우가 많았고, 이제는 밝은 사람이라는 말까지 듣는다. 내가 벤자민갭이어에서 경험하고 깨우친 것을 후배들과 나누기 위해 졸업 후 지역의 부 매니저로 일하기로 했다. 벤자민갭이어의 일원으로 다시 뛸 시간이 기다려진다. _ **임수호**

벤자민갭이어에 입학한 청년들의 보이지 않는 첫 번째 관문은 자기 자신을 사랑하는 사람이 되는 것이다. 체력 단련을 하면서, 명상을 하면서, 생전 처음 강연을 하면서, 세계와 지구를 생각하면서 차츰 나 자신을 회복하고 내 안에 내가 생각했던 것보다 훨씬 큰 에너지와 재능이 잠자고 있음을 깨닫는다.

나의 가치를 발견하고, 더 많은 이들이 '나'의 가치를 실현하는 세상을 꿈꾸며 당당히 자신의 길을 개척하는 청년들에게 무한한 응원을 보낸다.

벤자민학교의 모든 교육은 아이들의 타고난 생기를
살리는 데 초점을 맞춘다. 몸의 생기, 마음의 생기를
살려 주기만 하면 아이들은 절로 저마다의 재능을 꽃피운다.
생명의 속성이 그렇기에 양육과 교육은
이 순리를 따르는 것이 그 어떤 방법론보다 중요하다.

4장

너희와 함께

우리도 자란다

부모와 교사의 자리

우리는 언제나 널 믿고
기다릴 거야

아이는 성장하는 존재다. 아이가 생기 있게 성장할 수 있는 환경을 만들어주는 것이 부모와 교사의 역할이다. 그런데 아이를 잘 되게 하려는 마음으로 애쓴 일이 오히려 아이의 생기를 꺾는 경우가 너무나 많다. 부모의 욕심이, 교사의 잘못된 기준이 그런 일을 만든다. 양육자와 교육자가 어떻게 아이의 생기를 키워서 잘 성장하게 할 것인가 하는 것을 기준으로 판단한다면 당장 많은 것이 달라지지 않을까?

벤자민학교의 모든 교육은 아이들의 타고난 생기를 살리는 데 초점을 맞춘다. 몸의 생기, 마음의 생기를 살려 주기만 하면 아이들은 절로 저마다의 재능을 꽃피운다. 생명의 속성이 그렇기에 양육과 교육은 이 순리를 따르는 것이 그 어떤 방법론보다 중요하다. 다른 목적을 개입시키지 않고 생명의 속성에 따라 아이들이 건강하고 정서적으로 풍요롭게 성장하도록 돕는 것이 학교 교육의 가장 중요한 책무이다. 공부하는 방식도 이에 따라 크게 바꾸어야 한다. 지식을 외우는 것은 아주 지엽적인 공부이고, 사고력과 창의력을 키우는 방식이 곧 공부의 주류가 될 것이다. 생각하는 힘을 키우고 창의를 마음껏 발산하도록 하는 것이 생명의 속성에 맞는 교육이다. 벤자민학교 교육과정의 핵심인 문제해결 능력과 꿈 찾기가 이에 해당한다. 벤자민 프로젝트로 문제해결 능력을 기른다는 것이 곧 생각하는 힘을 키우는 것이고, 꿈을 가짐으로써 스스로 탐구하고 새롭게 시도하는 창의를 펼칠 수 있다.

아이가 본래 지닌 생명력을 최대한 키우는 것이 교육 목표인 벤자민학교에서 아이들은 저마다의 속도로 변화하고 성장한다. 혹여 학교를 다니는 동안 아무 변화를 보이지 않는 아이라 할지라도 아이의 내면에서는 이미 무슨 일인가가 시작되었음을 믿고 지켜보기를 포기하지 않는다.

벤자민학교에 아이를 보낸 부모는 아이가 달리기를 멈추고 무한 경쟁의 트랙에서 나와도 괜찮다고 말해준 것과 같다. 억지로 달리던 아이가 벤자민학교라는 새로운 출발선에서 숨을 고르고 자신의 속도로 걷기 시작하면 부모에게도 변화하는 부분이 생긴다. 공부와 성적을 따지지 않으니 아이의 장점이 보이고, 아이와 대화하는 시간도 는다. 아이가 점차 자신감을 회복하는 모습을 보면서 부모도 자신을 돌아보고 회복의 시간이 필요함을 느끼기도 한다.

교사 또한 아이들과 함께 뜨거운 성장 체험을 한다. 벤자민학교 교사들은 아이들의 성장을 책임지기 때문에 일의 한계가 없다. 아이들에게 공부를 가르치고 성적을 관리하는 교육과는 다른 종류의 일이고, 몸과 마음을 많이 써야 하는 강도 높은 직무이다. 교사로서의 사명감 없이는 수행이 불가능한 일을 벤자민학교 교사들은 수행자와 같은 마음으로 해나간다. 교실, 교과목 수업, 숙제, 시험, 성적표가 없어도 벤자민학교가 학교인 이유는 이처럼 사명감으로 자리를 지키는 교사들이 있어서다.

아이를 믿고 괜찮다고 말해준 부모, 어떤 경우에도 아이에 대한 지지를 멈추지 않는 교사들의 이야기를 들어본다.

아이에게 늘 해야 할 일만 강요하면서 살았다. 해야 할 일은 어차피 평생 계속 되는데, 아이가 하고 싶은 일을 할 수 있도록 벤자민학교에서의 1년을 아이에게 선물하자고 생각했다. 그 1년 동안 아이 스스로 내면의 힘을 기를 수 있을 거라는 기대와 믿음도 있었다.

아이는 새로운 생활에 적응하면서 자신의 시간을 누렸다. 그와 함께 내게도 예기치 않은 변화가 찾아왔다. 우선 아이가 학업 스트레스에서 벗어나 자신이 계획한 대로 생활하니까 끊이지 않던 내 잔소리가 줄었다. 잔소리 대신 아이가 하는 일에 진심으로 관심을 갖고 대화를 나누다 보니 아이와의 관계도 좋아졌다. 이렇게 엄마로서의 스트레스를 덜어내자 마음의 여유가 생기기 시작했고, 뜻밖에도 내가 하고 싶은 일이 떠올랐다. 20년 넘게 직장 생활을 하고 있는데, 지금까지 늘 해온 틀에 박힌 일이 아니라 새로운 일에 도전하고 싶은 마음이 생긴 것이다. 아이가 일반 고등학교에 다니고 있었다면 시험 때문에 아이를 계속 압박했을 것이고, 나도 아이도 그런 상황을 힘겹게 버텨야 했을 것이다. 벤자민학교 덕분에 지금 아이와 나는 새로운 꿈을 키우고 있다. _ 심재준 학생의 어머니 **김향남**

가장 많이 바뀐 것은 도원이가 자신을 대하는 방식이다. 자신에게 가혹하리만치 비판적이었던 아이가 차츰 자기 자신을 인정하고 상황을 긍정적으로 보려고 노력하고 있다. 좋아하는 여학생과 잘 되지 않았을 때도 상대를 원망하거나 자신을 비난하지 않고 툴툴 털고 일어났다. 아이가 자기 자신을 어떻게 생각하는지 궁금해서 물어본 적이 있다. "벤자민학교 다니면서 어떤 점이 달라진 것 같아?" 아이는 "여유가 생겼고, 생각도 긍정적으로 하게 됐고, 친구들하고 사이도 훨씬 좋아졌어"라고 했다. 중학교 때 친구들과의 관계를 많이 힘들어 했는데 이제는 이렇게 말할 수 있다는 것이 무척 뭉클했다.

도원이의 이런 모습은 나와 도원이의 관계에도 큰 영향을 미치고 있다. 내가 다른 일에 지쳐서 나도 모르게 아이를 감정적으로 대할라치면 "엄마가 힘들어 하면 나도 힘들어지는 거 알지?" 하면서 벤자민학교에서 배운 보스ᴮᴼˢ법칙(뇌를 활용하는 다섯 가지 원칙)을 설명해 준다. 도원이가 이제는 어리기만 한 아들이 아니라, 세상을 같이 살아가는 동반자로 느껴진다. _ 김도원 학생의 어머니 **김분영**

중학교 때 아들은 학교만 다녀오면 가방을 내던지고 쓰러져 자는 게 일이었다. 집을 나서는 순간부터 주변을 너무 많이 의식해서 온종일 긴장 속에 지냈기 때문이다. 버스에서 내릴 곳이 다 돼서도 다른 사람들이 신경 쓰여 하차벨을 누르지 못할 정도였다. 남들은 아무렇지도 않게 하는 버스 타기, 식당 가기 같은 일에도 큰 스트레스를 받는 아이가 벤자민학교에 들어가서 교육과정상 반드시 해야 하는 아르바이트를 하게 됐다. 걱정이 앞섰다. 저렇게 소심한 아이가 사람을 상대하는 일을 어떻게 해낼까 싶었다. 그런데 아이는 몇 달 동안 이어진 아르바이트를 묵묵하게 끝까지 해냈다. 자기 한계를 조금씩 넘어서는 아이를 보며 나는 감동했다. 그 뒤 아이는 혼자서 한라산 등반을 하기도 했다. 자신감을 얻은 아이는 '부딪치니까 다 되더라' 하면서 웃었다. 이제 아들을 보는 내 시선이나 태도가 크게 바뀌었다는 걸 느낀다. 늘 걱정만 앞세우고 아이를 믿어주지 않은 나를 반성한다. 벤자민학교는 부모로서의 나를 돌아보고, 삶의 가치를 다시금 일깨우는 공부를 시켜주고 있다는 생각이 든다. _ 김성윤 학생의 아버지 **김영민**

경재는 아주 약하게 태어난 아이여서 나는 이렇게 자라주는 것만으로도 항상 감사했다. 나는 아이에게 공부는 안 해도 좋다고 늘 말했지만, 학년이 올라갈수록 세상은 아이를 성적으로만 평가했고, 이 심성 착한 아이에게 학습이 뒤처진다는 이유로 열등생 딱지를 붙였다. 아이는 자신감을 잃고 친구들과의 관계에서도 소극적으로 되어 스스로 소외되어 갔다. 학교를 마치고 오면 게임에 몰두했고, 어떤 벌을 주거나 혼을 내도 게임을 멈추지 못했다. 그런 상황에서 아이에게 벤자민학교를 알려줬고, 많은 고민 끝에 입학을 결정했다. 그 과정에서 아이도 스스로 달라지고 싶어 한다는 것을 알았다.

입학 후 경재는 자신의 가능성을 발견하면서 차츰 자신감을 키워가고 있다. 워크숍에 다녀와서는 "저 이제 정말 변할 거예요. 지켜봐 주세요"라고 말해서 무척 뭉클했다. 이제 경재는 게임을 거의 하지 않는다. 그 또래에 게임을 끊는 건 어른이 술 담배를 끊는 것만큼이나 힘든 일인데 요즘 경재는 스스로 하기로 한 공부, 벤자민 프로젝트, 아르바이트 등을 하느라 게임을 할 시간이 없다고 한다.

우리 집 막내인 경재가 달라지면서 온 가족이 바뀌고 있다. 아빠, 엄마, 형, 누나 모두 경재가 제안한 가족회의에 열심히 참여한다. 가족회의를 하면서 우리 다섯 식구는 서로에게 더 깊은 관심을 갖고 대화를 많이 나누게 되었다. 경재와 함께 우리 가족 모두 인성영재가 되어가는 중이다. _ 김경재 학생의 어머니 **김이자**

수영이는 공부도 학교생활도 그럭저럭 잘 하는 편이었지만, 그렇게 수동적으로 시스템을 따라가는 생활보다는 자신의 의지와 잠재력을 기를 기회를 가졌으면 하는 바람으로 벤자민학교를 선택했다. 경쟁에서 이겨야 하는 교육 시스템에서 비껴나 새로운 길을 선택한다는 것이 불안하기도 하고, 주변 사람들의 시선도 걱정스러웠지만 수영이가 행복하기만 하다면 다른 건 다 괜찮다고 생각했다. 나도 공무원으로 직장생활을 하던 중에 몸이 아파서 1년간 휴직을 했었는데, 그때 나만의 시간을 가지면서 많은 변화를 경험했다. 수영이에게도 벤자민학교에서의 1년이 그런 시간이 되기를 바랐다.

수영이의 가장 큰 변화는 자신의 인생에 대해 고민하기 시작했다는 점이다. 사춘기여서 감정 기복이 심했는데 다양한 경험을 통해 다른 사람을 이해하고 소통하려는 마음이 커지면서 감정 조절도 잘 해나가고 있다. 엄마인 나하고의 관계도 좋아졌다. 어릴 때 친구들과 문제가 생겼을 때 내가 개입해서 상황이 더 나빠진 적이 있었는데 이후부터 수영이는 내게 자신의 마음속 얘기를 하지 않앉다. 그런데 지금은 어떤 이야기든 내게 다 털어놓는다. 친구처럼 지내는 모녀가 무척 부러웠는데, 우리도 조금씩 그런 관계가 되어가고 있다. 예전에는 아이의 행동이 마음에 들지 않으면 곧바로 아이를 질책했다. 지금은 아이를 믿고 기다려주는 것이 무엇보다 중요하다는 것을 안다. 부모가 먼저 진정한 어른이 되고자 노력할 때 아이도 잘 성장할 것이라 믿는다.

벤자민학교는 공부해야 하는 이유를 스스로 알게 하고, 지식을 활용하는 방법을 터득하게 한다. 이런 환경 속에서 수영이가 앞으로 하고 싶은 일을 찾고, 큰 의식을 가진 사람으로 성장해 다른 사람과 사회에 도움이 되는 삶을 살기를 바란다. _ 오수영 학생의 어머니 **송효미**

이전에는 내가 아이의 손발이 되어 학교 공부부터 생활하는 것까지 뭐든 다 해줬다. 그런데 벤자민학교에 입학하고는 크게 달라졌다. 아이가 주도적으로 선택하고 행동하고 책임지도록 아이도 나도 많이 노력하고 있다. 아이를 지켜보고 있자면 속이 부글부글 끓을 때가 한두 번이 아니지만 그럴 때 잔소리를 할라치면 아이가 이렇게 말한다. "엄마가 보기에는 내가 더딘 것 같고 답답하겠지만, 내가 밤마다 얼마나 고민하는지 엄마는 몰라. 앞으로 어떤 사람이 되어야 할지, 어떻게 살아갈지 매일 생각하면서 애쓰고 있단 말이야." 아이가 그런 생각을 하고 있는 줄 몰랐기 때문에 아이의 말을 듣고 놀라기도 하고 미안하기도 했다.

벤자민학교에 입학한 후 다시 치기 시작한 피아노로 진로를 정한 도승이는 하루에 8시간씩 손끝이 터져서 피가 날 정도로 연습을 한다. 얼마 전에는 피아노 콩쿨에 나가 대상을 받기도 했다. 이렇게 아이 스스로 뭔가를 열정적으로 하는 모습은 이전에는 상상도 할 수 없던 일이다. _ 전도승 학생의 어머니 **이민희**

학교 다니는 내내 공부에는 흥미를 못 느끼는 것 같더니 몸이 아프기 시작했다. 잘 하고 싶은데 안 되니까 심리적으로 스트레스를 많이 받은 것 같았다. 아이에게 내가 먼저 벤자민학교를 권유했다. 승환이가 국토종주를 마치고 돌아와서 했던 말이 지금도 생생하다. "엄마, 나는 지금까지 속으로 생각만 하고 단 한 번도 실천해 본 적이 없었던 것 같아요. 직접 해보니까 생각한 것과는 전혀 달랐어요."

처음에는 부모로서 내가 모든 환경을 마련해주고 아이는 꽃길만 걸었으면 좋겠다고 생각했다. 하지만 아이 스스로 자신의 길을 가도록 기다려주는 것이 부모의 역할임을 이제는 깊이 새기고 있다.

서먹서먹했던 집안 분위기도 많이 밝아졌다. 아이가 중학생 때 새 핸드폰을 갖고 싶은 마음에 성적을 조작한 적이 있는데 이후 아빠와 사이가 어색해졌다. 벤자민학교에 들어간 후에는 승환이가 먼저 아빠에게 다가갔고, 아빠도 승환이를 긍정적으로 바라보게 되었다. 나도 아이가 사회의 일원으로 잘 살아갈 수 있을까 하는 불안이 마음 한편에 있었는데 지금은 자신의 길을 잘 찾을 것이라는 믿음이 생겼다. 승환이가 도전을 선택한 것처럼 나도 생활 속에서 도전하고 변화하는 모습을 보여줌으로써 아이를 응원할 것이다. _ 최승환 학생의 어머니 **전미숙**

민족사관고등학교를 가겠다는 목표로 전교 1등의 성적을 올렸지만 진학에 실패하고 힘들어 하던 중에 벤자민학교를 선택했다. 학교에 들어간 이후에는 아이 얼굴 보기가 힘들었다. 혼자 차를 타고 어딘가에 가본 적이 없던 아이였는데 이런저런 프로젝트를 한다면서 전국을 돌아다녔다. 공부에만 매여 있다가 다양한 경험을 하게 되니 자기 표현력도 많이 늘었다. 다른 사람 앞에서 노래하고 춤추는 건 상상할 수 없는 일이었는데 이제는 그런 무대를 즐기는 것 같다. 환경 문제에 관심을 가지면서 과자와 탄산음료도 먹지 않고, 체력이 모든 것의 기본이라며 운동도 규칙적으로 하는 아들이 존경스럽기까지 하다.

그런 아들을 보며 부모로서 잘 살아가는 모습을 보여주어야겠다는 마음을 먹게 된다. 새로운 것에 도전하면서 긍정적인 에너지를 키워가는 아이의 모습에서 좋은 자극을 받기도 한다. 아이와 더 많이 소통하면서 공유하고 이해하고 감사하다 보니 관계도 더 좋아지고 있다. 만약 아이가 민족사관고등학교에 합격했더라면

지금의 달라진 모습을 볼 수 있었을까 하는 생각도 든다. _김현명 학생의 어머니 **심미영**

💬

다른 아이들보다 조금 느린 성진이에 대해 걱정이 많았다. 성격도 나를 닮아서인지 부끄러움이 많아 친구들 관계도 쉽지 않았다. 몸도 마음도 약한 아이니까 상처받지 않도록 보호해야 한다는 생각에 아이에게 걱정 가득한 마음을 숨기고 스트레스를 주지 않기 위해 노력했다. 하지만 성진이는 엄마의 걱정과 불안을 그대로 느끼고 있었다. 나는 변화가 필요하다는 절박한 마음으로 벤자민학교를 선택했다. 벤자민학교 입학 후 성진이의 변화는 놀라웠다. 프로젝트를 진행하면서 친구들을 사귀기 시작했고, 진짜 인생에서 살아남는 법을 배워나갔다. 나를 대하는 모습도 달라졌다. 예전에는 나와 대화할 때 자기 얘기는 하지 않고 내 말만 가만히 듣고 있었는데, 지금은 내 입장을 고려하면서 자기 의견을 표현하고 애교스러운 말도 곧잘 한다.

　내가 벤자민학교에서 배운 점은 '기다려주는 것'이다. 책이나 강연으로 배우는 이론이 아니라, 아이가 변화하는 모습을 보고 아이에 대한 믿음이 쌓이면서 나 스스로 조바심을 버리고 아이를 기다려줄 수 있게 되었다. 성진이는 다른 아이들에 비해 약점이 많은 아이였지만 지금은 자신의 약점을 경력으로 만들 만큼 자신감 있게 성장 스토리를 써나가고 있다. _최성진 학생의 어머니 **진은경**

승지는 초등학교 6학년 때 이미 공부에 지쳐 포기 선언을 하고, 이후 내가 운동을 권해서 고등학교 1학년 때까지 사이클 선수 생활을 했다. 전국대회에서 메달을 딸 정도의 실력이었지만 어깨 부상을 연거푸 당하면서 그동안 내 욕심 때문에 미처 보지 못했던 승지의 고통을 알게 됐다. 아이가 공부하기 싫다고 했을 때, 그 원인이 늘 공부하라고 다그치기만 한 내게 있는 걸 모르고 그저 핑계라고 생각했다. 사이클도 내가 권했고, 대회에 나가서 메달을 따오니까 욕심이 생겨서 아이를 더 몰아부쳤다. 아이가 다치고 나서야 비로소 정말 힘들었겠구나, 내 욕심이 너무 지나쳤구나 하는 것을 깨달았다.

아이가 지금부터라도 스스로 선택하는 힘을 기를 수 있도록 방법을 찾던 중 벤자민학교를 알게 됐다. 입학은 물론 승지의 선택이었다. 문제는 승지가 새로운 생활을 시작하고 나서도 아이를 대하는 내 태도가 바뀌지 않은 것이었다. 그동안 자신을 옥죄던 틀에서 벗어나 저 하고 싶은 대로 지내는 아이를 나는 여전히 다그치고 나무라며 걱정과 불안을 떨치지 못했다. 예전에는 공부할 때는 공부에 집중하게 하고, 운동할 때는 운동에 몰두할 수 있는 환경을 만들어 주려고 아이를 꼼짝 못 하게 했다. 벤자민학교 초기에 아이가 이제 자기가 하고 싶은 것을 마음껏 신나게 할 줄 알았는데 생각과 달리 잠만 자니까 답답했던 것 같다. 남들과 다른 길을 가는 것이 불안하고 두려워서 운 적도 여러 번이다.

괜한 선택을 한 게 아닌가 싶어 내가 떨고 있는 사이에 아이는 새로운 체험을 하며 조금씩 달라지고 있었다. 국토종주를 하고 와서는 엄마에게 늘 정답을 물어보는 습관, 투덜거리며 자주 짜증 내는 자신의 모습을 보게 됐다고 했다. 이후 어떤 일이든 스스로 결정하고 책임지려고 노력하는 승지를 보며 나도 달라져야 한다고 결심했다. 엄마 뒤에 마귀할멈이 서 있다고 할 정도로 날 무서워하는 승지와 대화를 많이 나누고, 승지의 말을 화내지 않고 끝까지 들으려 노력했다.

내 어린 시절을 떠올려 보면 공부에 매달리지 않고도 사람들과 어울려 행복하게 잘 지냈는데, 어른이 되면서 그런 것들은 다 잊고 그저 낙오자가 되지 않기 위해 발버둥치며 살아온 것 같다. 아이의 행복이 무엇보다 중요하듯, 나도 행복하게 살아야겠다는 생각이 들었다. 그렇게 마음먹으니 가족을 대하는 마음에 여유가 생기고, 우리 음식점에 오는 손님들이 정말 가족처럼 소중하게 느껴졌다. 행복은 다른 곳에 있지 않고 지금 내가 있는 자리에서 스스로 밝아지면 주변 환경도 달라진다는 것을 체험으로 깨닫고 있다. _ 신승지 학생의 어머니 **강윤희**

강현이가 벤자민학교에 다닌 이후로 우리 가족간의 대화가 많이 늘었고, 각자가 하는 일에 더 집중할 수 있게 됐다. 이는 남들이 보기에는 사소할지 몰라도 우리 가족에게는 엄청난 변화이다. 강현이는 초등학교 3학년을 마치고 기숙형 대안학교에 들어갔는데 가족과 떨어져 지내는 학교생활이 맞지 않아 많이 힘들어 했다. 중학교를 졸업할 무렵에는 자신감이 바닥까지 떨어져 다시 대안학교 진학을 고려했는데 이때 벤자민학교를 추천받았다.

강현이가 벤자민학교에 다니면서 나에게 일어난 가장 큰 변화는 내가 하는 일을 즐기면서 집중할 수 있게 됐다는 점이다. 이전에 강현이가 학교생활을 힘들어 할 때는 직장에서 일을 하면서도 항상 불안했다. 그런데 지금은 강현이가 자기 자신을 알아가는 시간을 적극적으로 즐기고 있다는 걸 알기 때문에 나도 마음 놓고 일에 집중할 수 있게 됐다.

내 직업은 학원 강사다. 현재는 아이들이 시험에서 더 좋은 성적을 거둘 수 있도록 도와주는 입장이지만, 나중에 무학년제 학원을 운영해보고 싶다. 수업을 학년에 맞추지 않고 학생 실력에 맞추는 방식이다. 그렇게 하기 위해 학교의 시험 방식을 바꾸고, 대학 서열화도 없애고, 인성 교육 시간을 늘리는 교육 혁신이 이루어지면 좋겠다. _ 최강현 학생의 어머니 **강경임**

예전의 대원이는 다른 사람을 별로 배려할 줄 몰랐다. 일이 자신의 뜻대로 되지 않으면 쉬 남 탓을 했고, 슬픈 영화를 보면서도 여간해서는 눈물을 흘리지 않았다. 자존심과 자기주장이 강해서 다른 사람이 잘 따라주지 않으면 화를 내기 일쑤였다. 그런 탓에 벤자민학교 입학 초기에는 친구들과 갈등을 좀 겪기도 했다. 그랬던 대원이가 친구들과 국토종주를 무사히 마치고 돌아와서 이렇게 말했다. "나만 리더인 줄 알았는데 나 혼자 할 수 있는 일은 아무것도 없었어요. 우리가 계획한 대로 해내려면 서로 의논하고 힘을 합쳐야 했어요."

일이 잘 되지 않아도 이유를 다른 데서 찾지 않고 차분하게 자기 자신을 돌아보는 모습을 보면서 대원이가 정말 성장하고 있구나 하는 생각을 했다. 어느 날, 날 꼭 안으며 감사하다고 한 뒤부터는 내게 존댓말을 한다. 아들을 인정하지 않고 엄격하게만 대하던 남편도 벤자민학교 모임에서 대원이의 발표를 듣고는 "그동안 아버지가 네게 오해와 선입견을 가지고 있었던 것 같다. 미안하다"고 했고, 이후 친절한 아버지가 되려고 노력하고 있다. 나도 아이들을 이전보다 부드러운 태도로 대한다. 습관적인 잔소리 대신 아이들 입장에서 먼저 생각해 보고 이야기하는 여유도 생기고 있다. 아이가 변화하고 성장하는 모습을 보면서 '기다림'이라는 부모의 미덕을 배운다. _ 이대원 학생의 어머니 **김희정**

아이가 늦둥이여서 부모에게 속내를 잘 드러내지 않고 감정 표현이 서툴렀다. 그렇지만 가지고 있는 끼가 정말 많은 아이여서 자신의 재능을 맘껏 발휘하기를 바라는 마음으로 벤자민학교를 선택했다. 39년간 교사로 일한 남편도 아이의 선택을 받아들였다.

효정이가 벤자민학교에 다니면서 가장 많이 달라진 점은 가족 간에 대화가 많아진 것이다. 전에는 집에서 최소한의 말만 했고, 특히 밖에 있을 때는 먼저 연락해오는 법이 거의 없었다. 그런데 친구들과 제주 올레 걷기에 나선 효정이가 내게 전화를 해서는 신나는 목소리로 '발에 물집이 잡혔고 발이 너무 부어서 신이 안 들어가 슬리퍼를 사 신고 걷는다'는 얘기를 전했다. 서로 의견이 맞지 않을 때도 전처럼 그냥 대화를 포기하지 않고, 상대의 이야기를 들어주면서 한두 시간씩 대화를 이어간다. 마음을 열고 소통하며 책임감 있게 자기 몫을 해내는 효정이 덕분에 나는 아이가 무슨 일을 하더라도 믿어주는 엄마로 성장하고 있다. _ 서효정 학생의 어머니 **윤현숙**

💬

아들 둘이 차례로 벤자민학교를 다녔다. 첫째 동현이는 현재 영국 유학 중이고, 둘째 정현이는 고등학교에 복학해서 미대 입시를 준비하고 있다. 벤자민학교 다니면서 그림에 관심을 가졌고 화가 멘토와 교류하면서 도움과 영향을 많이 받았다. 동현이는 벤자민학교 재학 시절 '온이어On Year'라는 토크쇼를 기획하면서 후원도 받아 오고, 연사 섭외도 하고, 홍보 계획도 짜본 경험이 있어서 이후에 경영학을 전공으로 선택하는 데 중요한 계기가 됐다. 동현이 역시 강연 기획회사를 창업한 CEO 멘토의 영향이 컸던 것 같다.

아직 어리고 마음도 여려서 무얼 할 수 있을까 싶던 아이들이 체격만큼 마음도 커져서 자신의 앞길을 스스로 헤쳐나가는 모습을 보면서 아이들 안에 있는 엄청난 잠재력을 실감했다. 동현이, 정현이뿐 아니라 벤자민학교에서 성장하는 모든 아이들을 통해 깊은 감동을 받았고, 아이들이 해낸 만큼 나도 성장해야겠다는 생각을 했다. 아이들에 대한 걱정도 놓았다. 걱정하면서 애태우기보다는 아이를 믿고 기다리기로 했다. 부모들이 제일 실천하기 힘든 것이 이것인데, 벤자민학교가 이 어려운 일을 할 수 있게 해주었다. 아이들이 이만큼 컸으니 이제 나도 엄마로 살기보다는 인생 멘토로 아이들을 만나고 싶다. _ 육동현, 육정현 학생의 어머니 **허선영**

서울 강남 지역에서 아이들 여섯 명을 처음 맡았는데 왕따, 폭력, 부모 이혼이 기본이었다. 지역 학습관 모임이 있는 날에는 아이들을 불러내기 위해 아침마다 사오십 통의 전화를 돌려야 했다. 심한 따돌림을 받았던 아이, 보호자의 돌봄을 제대로 받지 못해서 정신과 치료를 받는 아이가 점차 치유되는 모습을 보면서 나도 치유되는 느낌이었고 '아이들이 나의 스승으로 왔구나' 하는 생각을 했다. 아이들이 자신의 한계를 넘고 자기 안의 답을 찾아가는 모습에서 매번 감동하며, 아이가 스스로 깨어나게 하는 교육이 참교육임을 깊이 체험하고 있다. _ 교사 **손인애**

벤자민학교 교사들은 자신도 아이들과 함께 변화하고 성장하는 존재임을 잊지 않는다.
이 같은 믿음이 교사로서의 인내심과 자긍심을 키워준다.

내가 잘하면 아이들이 금방 바뀔 줄 알았는데 꼼짝하지 않는 아이들을 보면서 처음에는 자괴감에 빠지기도 했다. 그런데 아이들은 어느 순간 훌쩍 성장했다. 내가 괜한 조바심을 냈다는 것을 깨닫고, 아이들을 기다려주는 교사가 되겠다고 결심했다. 아이들은 몇 번을 뒤집어지면서 성장한다. 그렇게 울고 웃는 과정을 거치면서 자기 안의 밝음을 조금씩 드러낸다. 두려움이 많았던 아이가 앞에 나가서 사회를 보고, 승부욕이 강해서 공격적이었던 아이가 친구를 배려하는 방법을 알아간다. 아이들이 이렇게 성장해 가는 동안 정작 부모는 아이가 어떻게 달라지고 있는지 잘 알아채지 못하는 경우가 많다. 교사이자 엄마인 나도 마찬가지다. 벤자민학교에 다니고 있는 내 아이에게 뭐가 달라진 것 같냐고 물어본 적이 있다. 아이는 "예전의 나를 찾아가고 있지"라고 말했다. 예전의 너란 어떤 상태를 말하는 거냐고 다시 물었다. "당당하고 두려움 없고 밝았던 나"라고 아이는 아무렇지도 않게 답했다. _교사 **김명숙**

오래도록 따돌림을 겪어 벤자민학교에도 적응하기 어려워하는 아이가 있었는데, 한번은 내가 그 아이 집에 가서 양해를 구하고 누워 있는 아이를 들쳐 업고 학습관으로 갔다. 그 이후로 아이는 학교 활동에 조금씩 참여하기 시작했다. 밤새 게임하고 다음 날 일어나지 못하는 아이들과 함께 아침 일찍 활동을 시작해야 할 때는 아예 그 전날 아이들을 우리 집으로 불러서 저녁을 먹이고 재우기도 했다. 몸을 움직이기 싫어하는 아이들을 어떻게 할까 하다가 등산을 같이 다니기로 했는데, 나중에는 체력 좋은 아이들을 따라잡느라 내가 헉헉거렸다. 그런 나를 아이들이 대단하다며 칭찬해주었다. 힘겹게 8박 9일의 국토종주를 마치고 돌아온 아이는 이렇게 말했다. "선생님, 저는 그전에 만날 졸았는데 국토종주 하는 동안에는 안 졸았어요. 그리고 밤낮이 생겼어요. 집중도 잘 됐고요. 순간 순간 그냥 계속 집중할 수 있었어요." 몸으로 하는 체험이 정말 중요하다는 것을 거듭 깨닫는다. 아이들뿐 아니라 나도 그렇다. _교사 **정민경**

아이들은 모두 다 성장한다. 저마다 출발선과 속도가 다를 뿐이다. 아이들 성장에 욕심을 내어 내가 먼저 아이를 이끌려고 하면 아이가 나를 밀어냈다. 아이들을 있는 그대로 보면서 소통하려는 노력이 가장 중요하다. 일기를 두 개 쓰는 아이가 있었다. 누가 볼 걸 염두에 두고 쓰는 일기와 자신만 보는 일기. 자신을 드러내기 싫어하는 아이는 사진 찍을 때도 항상 얼굴을 가렸다. 이 아이와 상담하면서 '선생님도 고등학교 때 머리카락으로 얼굴을 가렸어', '내 눈에는 네가 노력하는 모습이 보여'라고 하자 마음을 열기 시작했다. 팔굽혀펴기를 한 개도 못 하는 여자아이를 보면서는 이 학생은 물구나무서기까지는 못 하겠구나 했는데, 한 달 반 만에 물구나무서서 걷기에 성공했다. 이렇게 상처가 많고 약한 아이들이 있는 힘을 다해 노력하는 모습을 보면서 나도 더 노력해야겠다는 다짐을 절로 하게 된다. _교사 **장현주**

내가 세상에서 제일 불편해 하는 대상이 나였다. 내가 못하는 것, 안 되는 것만 돋보기로 보듯 크게 보였다. 벤자민학교에서 만난 아이들이 그런 나를 바꿨다. 체력이 아주 좋은 아이, 나무늘보처럼 느린 아이, 자기 계획대로 안 되면 분노가 치미는 아이, 이렇게 셋이서 국토종주에 나섰는데 서로 못마땅해 하다가 갈등이 커져서 일정을 중단해야 할 상황이 되자 셋이서 대화를 시작했고, 가슴 밑바닥까지 드러내는 솔직한 얘기를 나눈 끝에 서로 부둥켜안고 울면서 다시 시작할 힘을 얻었다고 했다. 이 세 아이가 종주를 마치고 돌아올 때 마중을 나갔는데 거지꼴일 줄 알았던 아이들이 너무나 밝고 환한 모습이어서 내 가슴이 벅차올랐다. 자기라는 틀을 넘어 자긍심을 체험한 사람의 빛나는 모습은 내게도 절실한 것이었다.

트라우마 때문에 앞에서 발표할 때면 바들바들 떨던 아이는 글로벌 리더십 지구시민 캠프에 참가하면서 목표를 하나 세웠다. 아이의 목표는 '떨지 않고 말하기'가 아니라 '떨리더라도 한 번은 용기 내서 발표하기'였다. 마침내 발표 시간이 되자 아이는 제일 먼저 손을 번쩍 들고 나가서 많은 사람들 앞에서 자신의 생각을 이야기했다. 인성의 핵심은 자존감과 자긍심이라는 것을 나도 아이들과 함께 체득하고 있다. _교사 **유은진**

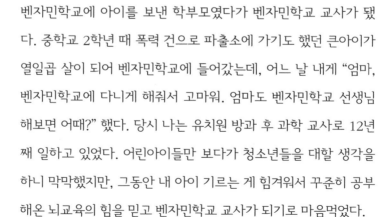

벤자민학교에 아이를 보낸 학부모였다가 벤자민학교 교사가 됐다. 중학교 2학년 때 폭력 건으로 파출소에 가기도 했던 큰아이가 열일곱 살이 되어 벤자민학교에 들어갔는데, 어느 날 내게 "엄마, 벤자민학교에 다니게 해줘서 고마워. 엄마도 벤자민학교 선생님 해보면 어때?" 했다. 당시 나는 유치원 방과 후 과학 교사로 12년째 일하고 있었다. 어린아이들만 보다가 청소년들을 대할 생각을 하니 막막했지만, 그동안 내 아이 기르는 게 힘겨워서 꾸준히 공부해온 뇌교육의 힘을 믿고 벤자민학교 교사가 되기로 마음먹었다.

담당하는 학습관 아이 중에 우울증을 겪는 아이가 있었다. 이 아이에게 소녀가장으로 산 내 이야기를 들려주며 대화를 자주 나눴는데, 이 아이가 가장 싫어하는 것이 책 읽기와 독서토론이었다. 그런데 얼마 뒤 아이 스스로 책을 읽고 자기 생각을 말해 주었다. 자기 자신을 좋아하게 됐다는 이야기도 했다. 변화하고 성장하는 아이들을 지켜보면서 감사한 마음과 함께 나 자신에 대한 믿음도 커지고 있다. _교사 **한수미**

아무리 잘 짜인 교육 프로그램이라도 아이들이 마음을 열지 않으면 교육의 효과는 기대하기 어렵다. 변화하고 성장하는 아이들 뒤에는 같이 눈물 흘리며 믿고 기다려 주는 선생님들이 있다. '지켜보며 기다리기'는 '가르치며 다그치기'보다 결코 쉬운 일이 아니다. 교사들은 경험상 자신의 믿음대로 되지 않는 상황이 얼마든지 일어날 수 있음을 잘 알고 있다. 그럼에도 불안정한 아이를 대할 때 자신의 감정에 스스로 무너지지 않고 끝까지 아이에 대한 관심과 지지를 유지하려면 교사도 상당한 공부가 필요하다.

벤자민학교 교사들이 지키는 가장 중요한 원칙 중의 하나는 자신도 아이들과 함께 변화하고 성장하는 존재임을 잊지 않는 것이다. 기준을 정해놓고 아이들의 도달점을 체크하는 것이 아니라 아이들이 저마다의 속도와 방식으로 나아갈 수 있도록 도우면서 자신도 성장한다는 믿음이 교사로서의 인내심과 자긍심을 키워준다.

아이와 부모와 교사가 함께 성장하는 학교를 만들기 위해 개교 때부터 열정을 쏟아온 김나옥 교장은 자신이 먼저 교육자로서 성장 모델이 되어야 한다는 의지로 늘 도전의 일선에 선다.

교사로 첫발을 내디디며
꿈꿨던 바로 그 학교 _ 교장 김나옥

교육부에서 교육 정책에 관한 일을 하며 아이들이 정말 행복한 학교를 만드는 방안을 늘 고민했다. 꿈과 끼가 살아 있는 아이들, 열정적인 교사들, 인성과 창의성을 개발하는 정책들이 연구보고서에는 넘쳐났지만 실제 학교 현장에서 이를 찾기는 어려웠다.

뇌교육을 학문화한 일지 이승헌 총장님이 '행복한 학교'를 만들겠다 하셨을 때 나는 내 오랜 꿈을 이룰 기회가 마침내 왔다고 생각했다. 나와 같은 꿈을 가진 교사들과 함께 우리는 아이들에게 마땅히 주어져야 하는 교육 환경을 만드는 데 온 힘을 쏟았다. 우리에게는 밤낮없이 일하며 만들어낸 벤자민학교 스토리가 세상에 새로운 희망의 빛이 될 것이라는 확신이 있었다. 교육에 대한 희망을 품을 수 있다는 것은 교육자로서 더없이 행복한 일이다.

자신이 먼저 교육자로서 성장 모델이 되어야 한다는 의지로 늘 도전의 일선에 서는
김나옥 교장(가운데)

　벤자민학교는 자율과 창의를 중시하는 뇌교육 특성화 학교다. 뇌교육 원리에 따라 아이들이 자신의 뇌를 최대한 활용할 수 있도록 모든 과정을 운영하기 때문에 학생이 스스로 계획하고 실행하지 않으면 아무 일도 일어나지 않는다. 일과표도, 공부할 프로젝트도, 만날 선생님도 자신이 정하고 행동할 때 배움이 일어나고 변화가 시작된다. 이 같은 과정을 겪으며 아이들은 자신에게 이런 일을 해낼 수 있는 능력과 끝까지 해내는 책임감이 있음을 스스로 확인한다. 이는 아이들의 자신감을 키우고, 어느덧 다음 단계로 나아가 성장하게 한다.

　꿈을 찾아 도전하는 1년의 여정을 거치면서 아이들은 저마다의 성장 스토리를 써나간다. 한 교육청 장학사에게 인성영재 아이들의 성장 스토리를 들려주자 장학사는 "그 아이들이 본래 특별했던 것 아닌가?"라고 물었다. 이는 우리 사회가 아이들에 대해 얼마나 잘못된 인식을 갖고 있는지를 보여주는 질문이다. 학업 성적이 뛰어나거나 눈에 띄는 재능을 가진 아이들만 특별한 것이 아니다. 모든 아이가 다 저마다의 특별함을 지니고 있다. 아이들의 내면에 반짝이는 빛을 부모와 교사, 우리 사회가 볼 수 있어야 하고, 모든 아이들의 특별함을 응원해야 한다는 깨우침을 벤자민학교를 통해 전하고 싶다.

벤자민학교를 운영하면서 가장 어려운 점이 학교 형태와 교육에 대한 인식을 바꾸는 것이다. 벤자민학교를 설명할 때 배움은 아이들 안에서 일어나며, 그것을 가능하게 하는 학교 형태는 얼마든지 다양할 수 있기 때문에 앞으로 벤자민학교가 미래 학교의 모델이 될 것이라고 이야기한다. 하지만 선진국의 여러 사례를 들며 새로운 학교 시스템에 대해 한참 설명하고 나면 '자유학년제를 마친 후에 성적이 떨어지는 건 어떻게 할 거냐', '복학해서 후배들과 공부하는 걸 힘들어 하지 않겠냐' 하는 질문이 되돌아온다. 실제로 벤자민학교 졸업생들은 1년 과정을 마치고 고등학교에 복학하면 거의 대부분 성적이 오르고, 동급생들과의 학교생활에도 잘 적응한다. 그럼에도 오로지 대학 입시를 기준으로 학교 교육을 판단하는 우리 사회의 틀에 박힌 인식은 여전하다. 이러한 인식을 바꾸기 위해 전국으로 강연을 다니며 미래 학교의 모델로 벤자민학교를 알리고 있다.

우리 학교 아이들이 하는 '벤자민 프로젝트'처럼 내가 정한 나의 도전 프로젝트는 벤자민학교 그 자체이다. 벤자민학교를 운영하면서 나도 뇌교육자로서의 역량을 키우며 성장 체험을 하고 있다. 늘 변화와 성장을 이야기하지만 아이들이 실제로 변화하고 성장하도록 이끄는 과정은 결코 간단치 않다. 따라가기만 하면 되는 수동적인 학교생활에 익숙한 아이들이 이전의 습관에서 벗어나 순간순간 용기를 내도록 교사들이 손을 잡아주고 격려해 주어야 한다. 또 수동적인 뇌에서 능동적인 뇌로 전환할 수 있도록 교사들 스스로 거울이 되고, 본보기 삼을 선례가 되어야 한다.

그야말로 연중무휴, 하루 24시간을 집중하는 교사들의 무한노력에 아이들은 제 나름의 성장 스토리로 화답한다. 아무도 하지 않았던 일, 누구도 지지하거나 응원하지 않는 일에 신념을 갖고 뛰어든 나와 교사들은 무엇보다 우리 자신의 무한한 가능성을 체험하고 있다. 우리 스스로 확인한 뇌의 가능성을 아이들에게 알려주고 아이들의 잠재력을 깨워주는 벤자민학교는 내가 33년 전에 교사로 첫발을 내디디며 꿈꿨던 바로 그 학교다.

벤자민학교의 꿈은 이 땅의 모든 아이들이 뇌교육을 통해 자기 삶의 주인으로 성장하는 것이다. 벤자민학교가 인성교육의 모델이 되고, 뇌교육이 세계 각국에 널리 보급되도록 나의 도전 프로젝트는 앞으로도 계속될 것이다.

벤자민학교에서 아이들은 꿈을 이룰 수 있는
체력을 기르고, 자기 자신을 믿고 사랑하는
심력을 갖추고, 창조력을 발휘하는 뇌력을 키운다.
체력, 심력, 뇌력은 인성영재의 자질을 이루는
세 가지 요소이다. 이 세 가지 힘을 균형 있게 키움으로써
인성영재가 되고, 삶의 주인이 되고, 사회의 주역이 된다.

학교 밖에서 다시
시작하는 꿈 프로젝트

졸업생들의 신나는 고군분투기

성장의 즐거움을 함께 나누는
졸업 페스티벌

스스로 선택했지만 남들과 다른 길이어서 조금 두렵고 불안한 마음으로 시작했던 벤자민학교에서의 1년은 지나놓고 보면 참으로 짧디 짧다. 등하교 없는 하루가 어색했던 학년 초를 지나 점차 새로운 일과에 적응하고, 한두 개의 프로젝트를 해보면서 자신감이 붙을 무렵이면 어느덧 한 학기가 훌쩍 지난다. 대안학교라는 조금은 특별한 환경에서 만나 서로 공감하고 응원하며 친해진 친구들과 프로젝트를 본격적으로 몇 개 더 진행하다 보면 마침내 학년 말.

이즈음 벤자민학교 학생들은 지역 학습관별로 페스티벌을 준비한다. 졸업 공연이라고 할 수 있는 이 페스티벌은 학생들이 모든 프로그램을 직접 기획하고 준비한다. 1년의 시간을 돌아보면서 자

공부의 압박에서 벗어나 자유롭게 꿈을 탐색한 1년의 여정을 펼쳐 보이는 졸업 페스티벌

신들이 경험하고 느끼고 성장한 면모를 여러 형태의 공연에 담고, 부모님과 친구들, 선생님과 멘토들을 초대해 즐거운 잔치마당을 벌인다.

다른 사람 앞에서 춤추는 건 상상할 수도 없던 아이가 댄스팀 제일 앞줄에서 신나게 춤을 추고, 혼자서만 즐기던 노래를 친구들과 함께 중창으로 멋진 화음을 만들어낸다. 함께 쓴 대본으로 연극 공연을 하고, 자신이 1년 동안 체험한 여러 가지 변화를 성장 스토리로 발표한다. 아이들뿐 아니라 부모와 멘토들도 아이와 함께한 지난 1년의 자기 성장 스토리를 보탠다. 벤자민학교에서의 마지막 프로젝트로 아이들이 열심히 준비한 공연과 발표를 지켜보는 이들의 입가에는 웃음이 떠나지 않고, 아이들이 무대에서 인사를 할 때마다 격려 가득한 박수 소리가 힘차게 터져 나온다.

그동안 이 아이들을 지켜본 이들의 눈에 가장 크게 들어오는 것은 아이들의 펴진 어깨와 밝은 얼굴, 힘찬 목소리, 적극적인 태도이다. 아이들은 아직 모를 수 있지만 이는 정말 크나큰 의미가 있는 변화이다. 자기 자신을 긍정하고 자신있게 표현하는 모습에서 미래 리더로서의 가능성을 본다.

벤자민학교에서 아이들은 꿈을 이룰 수 있는 체력을 기르고, 자기 자신을 믿고 사랑하는 심력을 갖추고, 창조력을 발휘하는 뇌력을 키운다. 체력, 심력, 뇌력은 인성영재의 자질을 이루는 세 가지 요소이다. 이 세 가지 힘을 균형 있게 키움으로써 인성영재가 되고, 삶의 주인이 되고, 사회의 주역이 된다.

교육 혁신의 방향을 담은 《학력파괴자들》의 저자이자 벤자민학교 멘토인 정선주 작가는 페스티벌에 강연자로 참석해 벤자민학교의 가치를 이렇게 말했다. "4차 산업혁명과 함께 새로운 시대를 맞을 우리 아이들에게는 '아는 것이 힘'이 아닌 '알아내는 것이 힘'이다. 창의력과 문제 해결력이 가장 필요한 시대에 이 같은 능력을 기르기 위해서는 무엇보다 스스로 질문하고 생각하는 힘이 바탕이 되어야 한다. 변화는 이미 시작됐고, 벤자민학교는 미래사회를 위해 교육이 어떻게 바뀌어야 하는지를 명확히 보여 준다."

꿈의 1년을 보내고 다시 출발선에 서다

나를 사랑하는 내가 되기 위해, 내 삶을 이끌 꿈을 찾기 위해 벤자민학교를 선택했던 아이들. 벤자민학교에서 '꿈의 1년'이라는 각별한 여정을 마친 아이들은 이후 각자의 상황에 따라 다양한 진로를 펼친다. 고등학교로 복학하거나, 검정고시를 거쳐 대학에 진학하거나 해외 유학을 선택한다. 취업을 하거나 창업을 하기도 하고, 벤자민학교에 더 다니고 싶어서 다음 기수로 재입학하는 경우도 종종 있다.

고등학교로 복학한 학생들의 특징은 이전보다 성적이 눈에 띌 정도로 좋아진다는 점이다. 거의 예외 없이 그렇다. 아이들은 복학을 앞두고 자기보다 나이가 적은 후배들과 함께 공부하는 것에 약간의 불안을 느끼지만, 막상 복학한 이후에 이러한 문제로 힘들어 하는 경우는 거의 없다. 벤자민학교에서 마음을 열고 사람을 대하는 연습을 한 아이들이기 때문에 반 친구들에게 먼저 다가가 적극적으로 대화하면서 자연스럽게 어울린다. 요즘에는 같은 반 친구끼리도 필기한 노트를 보여주지 않을 만큼 경쟁이 심한데 벤자민학교 졸업생들은 친구들끼리 격려하고 응원하는 것에 익숙해서 복학한 이후에도 교우 관계를 원만하게 이끈다. 또 자신의 목표가 분명하기 때문에 자신감 있는 모습으로 학교생활에 잘 적응해 나간다.

한 복학생은 그 학교 교장에게 '1년 동안 무슨 일이 있었냐?'는

나를 사랑하는 내가 되기 위해, 내 삶의 나침반이 될 꿈을 찾기 위해 벤자민학교를 선택했던 아이들은 졸업 이후 각자 원하는 대로 아주 다양한 진로를 펼친다.

질문을 받았다고 한다. 예전과 달라진 아이를 보면서 무슨 일이 있었는지 진심으로 궁금했던 것이다. 아이의 이야기를 들은 뒤, 교장은 학교에 벤자민 12단 동아리를 만들었다고 한다.

검정고시를 본 아이들은 대학에 진학하거나 유학을 가거나 취업을 한다. 어떤 선택이든 아이들이 갖고 있는 기준은 하나다. 나의 가치를 실현하고 세상에 도움이 되게 하자는 것이다. 한 가지 흥미로운 점은 벤자민학교 졸업생들이 외국의 대학에서 입학 허가를 잘 받는다는 것이다. 여기에는 이유가 있다. 외국의 대학들은 대개 입학 허가 여부를 결정할 때 리더십 부분을 매우 비중 있게 평가한다. 성적도 물론 보지만 좋은 성적이 그 학생의 성장 가능성을 보장해

주지 않는다는 것을 잘 알고 있다. 외국의 대학이 원하는 인재는 성장 잠재력을 지닌 학생이다. 벤자민학교 졸업생들은 외국의 대학이 원하는 자질에 부합하는 이력을 갖추고 있다. 그동안 진행한 벤자민 프로젝트 목록은 자신의 잠재력과 리더십을 보여주는 훌륭한 입증 자료가 된다. 프로젝트 아이템을 스스로 정하고 기획, 협력, 실행, 완수하기까지의 경험은 잠재력과 리더십을 개발하는 과정으로 충분히 인정받을 수 있는 이력이다.

국내 대학에 진학하는 경우에도 벤자민학교에서의 다양한 체험이 전공을 선택하는 중요한 계기가 되는 경우가 많다. 벤자민학교 졸업생들이 대학에서 심리학, 기후 환경, 에너지 분야의 전공을 특히 많이 선택하는 것은 지구시민 교육과정의 영향이라고 할 수 있을 것이다.

벤자민학교 학생의 구성은 다른 여느 학교와 마찬가지로 무척 다양하다. 성적도 성품도 환경도 제각각이고, 벤자민학교 과정에 참여하고 성취하는 정도도 저마다 다르다. 벤자민학교에서 어떤 시간을 보냈든 우리가 1년 동안 아이에게 쏟은 에너지는 아이 안에 작은 불씨로 남아 언젠가는 환한 빛으로 살아나리라 믿는다. 이 믿음 속에 벤자민학교의 책임감과 자긍심과 희망이 있다.

졸업생들이 새롭게 시작한 여정 속에서 우리의 바람대로 또렷하게 빛나는 불씨를 본다.

좋아하는 것이 무엇인지
알게 해준 학교

_ 김상훈

중학교 2학년 때까지 전교 100등 밖이던 성
적을 3학년 때 전교 10등 안으로 올리고
지역 명문고에 진학했다. 서울에 있는
대학은 무난히 갈 거라는 자신감이 있었
다. 그러던 어느 날 담임 선생님이 각자 자
신의 장점과 특기를 써내라고 하셨다. 그 순간
뇌가 멈춘 듯 아무 생각이 나지 않았고, 나는 결국 백지를 냈다. 대
충 꾸며서 써내는 건 싫었다. 그날 이후로 내가 어떤 사람인지 계속
생각했다. 공부를 왜 해야 하는지도 모른 채 성적을 올리는 데만 급
급한 내가 보였다. 갑자기 모든 것이 뒤죽박죽 얽히면서 혼란스러
워졌다. 이런 상태로 대학에 가는 건 아무 의미가 없다는 생각이 들
었고, 자퇴 후 벤자민학교를 선택했다.

　벤자민학교에서 나는 오로지 나 자신에게 집중했다. 내가 좋아하
는 것이 무엇인지, 어느 때 행복하다고 느끼는지 조금씩 알아갔다.
나 자신을 알아가는 만큼 다른 사람을 이해하는 마음도 커지는 것
같았다. 벤자민학교를 졸업하고 다시 고등학교 1학년으로 복학했을

때는 이미 목표를 정해놓고 있었다. 대학 전공은 심리학으로 하고, 고등학교 다니는 동안 친구들과 되도록 많은 대화를 하면서 상담 경험을 쌓자는 목표였다. 벤자민학교에서 배운 대로 PDCA(Plan 계획, Do 실행, Check 검증, Action 개선)를 활용해 공부하고 다른 활동들도 목표 관리를 해나갔다. 복학하고 첫 시험에서 전교 1등을 했다. 대안학교를 다닌 자퇴생에 대한 편견을 깨고 싶은 마음도 있었지만 무엇보다 벤자민학교 출신으로서 자긍심을 갖고 공부했다. 덕분에 이후 3년 동안 전교 1등을 놓치지 않았다.

학교 폭력 예방과 학업 분위기 조성을 위한 교내 동아리에 들어가서 또래 상담을 하고, 칭찬 릴레이 같은 활동도 적극적으로 했다. 나와 상담한 친구들이 달라지고 있는 것을 보면 마음이 굉장히 뿌듯하고 행복했다. 이런 활동을 하면서 내가 다른 사람에게 도움을 줄 때 행복을 느끼는 사람임을 알게 됐다.

고3이 되어 대학 입시를 준비할 때는 역시 힘이 많이 들었다. 벤자민학교 다닐 때 1년에 걸쳐 벤자민 12단을 하면서 쌓은 체력이 그 시간을 버티는 데 큰 도움이 되었다. 팔굽혀펴기부터 시작해 물구나무서서 100걸음을 걷기까지 꼬박 1년이 걸렸는데 그렇게 차근차근 체력을 기르지 않았더라면 입시 공부가 더 힘들었을 것이다.

나는 올해 고려대학교 심리학과에 진학했다. 내가 관심을 갖고 있는 신경심리학 분야에 대한 연구가 활발한 학교여서 기대가 많이 된다. 인간의 뇌와 마음의 작용을 탐구하는 것은 무척 흥미로운 일이고, 이런 연구를 통해 심리학뿐 아니라 여러 분야에서 사람들에게 도움을 줄 수 있을 거라고 생각한다. 내가 뇌에 관심을 갖게 된 것은 벤자민학교에서 뇌교육을 경험한 영향이 크다. 난 매사에 부정적인 아이였고, 초등학교 때 왕따를 당하면서 우울증을 겪기도 했다. 사람들과 관계를 맺고 소통하는 것이 즐거운 일이라는 것을 벤자민학교에 가서야 알았다. 1기생들 중 내가 제일 막내였는데 모두 같이 꿈을 찾아가는 친구로서 늘 격려해주고 진심으로 대해주니까 마음을 열고 대화하는 게 즐거웠다. 사람이 좋아졌고, 나도 누군가에게 도움을 주고 싶다는 생각을 했다.

복학한 후에 나는 반 친구들과 이야기를 많이 나눴는데, 쉬는 시간이면 친구들이 찾아와 고민상담을 하곤 했다. 친구들이 주로 고민하는 것은 진로였다. 남들은 목표를 세우고 열심히 잘 해나가는 것 같은데 자신은 꿈도 없고, 왜 공부하는지도 모르겠다면서 자책하는 경우가 많았다. 고민하는 친구에게 내 이야기를 들려주면서 '꿈이 없는 건 네가 부족해서가 아니고, 네 잘못도 아니야. 꿈을 찾는 경험을 할 기회가 없었을 뿐이야' 하고 말했다.

친구들을 상담한 경험은 대학 진학에도 많은 도움이 되었다. 고교추천원이라는 전형에 응시했는데, 1단계 서류 심사에서 뽑힌 3배수의 학생들이 2단계에서 토론 면접을 봤다. 주어진 문제에 대한 해결 방안 중 하나를 선택해 면접관 앞에서 지원자들끼리 각자 자기 주장의 합리적인 근거를 제시하는 방식이었다. 토론 면접에서 매우 중요한 것 중 하나가 경청하는 자세다. 상대방의 의견을 주의 깊게 들으면서 타당한 점은 인정하고 아닐 때는 반박해야 하는데, 친구들을 상담하면서 주의 깊게 듣고 말하는 태도가 몸에 밴 덕분에 토론 면접에 큰 어려움을 느끼지 않았다. 벤자민학교에서 숱하게 했던 발표와 나눔도 큰 도움이 되었다. 한 달에 한 번씩 모두 모여서 성장 스토리를 발표하는 워크숍 때면 몇 시간에 걸쳐 친구들의 발표를 듣고 함께 의견을 나눈다. 이런 시간을 통해 다른 사람의 이야기를 듣고 내 의견을 말하는 훈련이 많이 된 것 같다.

벤자민학교에서의 1년은 나의 가치를 찾는 시간이었다. 무척 많은 분들의 도움을 받았는데 그 중에 특히 내 인생의 멘토로 삼은 분은 벤자민학교를 설립한 이승헌 총장님이다. 뇌교육과 지구시민운동을 처음 시작한 총장님은 자신의 꿈을 이루기 위해 도전을 멈추지 않는 분이다. 세상을 바꿔야 한다고 말하는 사람은 많지만 실제로 그것을 위해 끊임없이 도전하며 새로운 가치를 창조하는 사람은 드물다. 건강하고 행복하고 평화로운 세상을 꿈꾸며 쉼 없이 앞으로 나아가시는 모습이 무척 존경스럽다. 나도 항상 나의 꿈을 새기며 꾸준히 나아갈 것이다.

내가 만든 '작은 벤자민학교'

_ 김은비

벤자민학교를 마치고 고등학교 2학년에 복
학했고, 이후 서울교대에 진학했다. 초등
학교 선생님이 되겠다는 목표로 5개 교
육대학 수시 전형에 응시했는데 모두 합
격했다. 교대는 성적 외에 가치관, 태도,
스피치 능력을 보고, 모든 과목을 가르칠 수
있는 다재다능함을 평가한다. 벤자민학교에서 여러 가지 프로젝트
를 진행하면서 다양한 경험을 한 것이 많은 도움이 되었다. 특히 면
접에서 교수님들은 벤자민학교 다닐 때 '전국 학생 인성 스피치 대
회'에 나가 대상을 받은 거라든지 '꿈 진로 토크 콘서트'에 학생 패
널로 참석한 이력 등에 관심을 갖고 물어보셨다.

개인 면접 외에 주제를 주고 30분 안에 소논문을 작성해서 발표
하는 과제도 있었다. 발표하는 도중에 교수님들이 말을 끊고 혹독
한 평가를 하는 일종의 압박 면접이었는데, 공부 잘해서 늘 인정받
던 우등생들이 자존심을 건드리는 말에 울음을 터뜨리며 면접장을
나가는 경우가 적지 않았다. 나도 사실 울 뻔했지만 몸이 떨리는 것

을 꾹 참으면서 끝까지 내 생각을 이야기했다.

벤자민학교에서 내가 경험한 것처럼 아이들이 스스로 꿈을 찾게 해주는 선생님이 되고 싶다. 벤자민학교 이전에 성적이 상위권인 아이들이 모인 고등학교에 다녔는데, 쉬는 시간에도 공부해야 할 만큼 경쟁이 심했다. 나와 함께 뇌교육을 했던 친구들은 벤자민학교에 다니면서 활발하게 활동하고 있었는데 그 친구들이 성장하는 모습을 보면서 나도 그런 기회를 갖고 싶다는 마음이 들었고, 용기를 내 2기에 입학했다.

공부 말고는 할 줄 아는 게 없던 나는 벤자민 프로젝트를 통해 다양한 경험을 하는 것이 무척 좋았다. 우리나라 전통 인사법인 절을 알리는 '프리절' 캠페인, 위안부 할머님들을 만나면서 시작한 '바른 역사 알리기' 활동, 공연, 마라톤 등 쉼 없이 프로젝트를 진행했다. 세상을 경험할수록 하고 싶은 게 많아져서 벤자민학교 1년을 무척 바쁘게 지냈다. 심지어 가족 여행을 갔을 때도 부모님과 동생은 수영하러 가고, 나는 혼자 숙소에 남아 프로젝트 준비를 해야 했다.

여러 강연과 모임 때 앞에 나가서 발표한 횟수는 100번이 넘었다. 이전에는 많은 사람 앞에서 이야기를 해본 적이 없었는데, 벤자민학교에서 발표 경험을 쌓으면서 스피치 대회나 글쓰기 대회에 나가면 항상 1등을 했다. 무엇보다 공부 말고 내가 잘할 수 있는 걸 발견해서 기뻤다.

고등학교에 복학해서 나보다 두 살 아래인 친구들과 어울리는 건 생각보다 어렵지 않았다. 처음에는 좀 어색한 느낌이 있었지만 내가 먼저 다가갔고, 곧 자연스럽게 친구가 되었다. 복학해서도 벤자민학교 때 열심히 활동했던 것처럼 학급 반장, 학교 대표, 동아리 회장 등을 하면서 적극적으로 경험을 쌓았다. 특히 '꿈찾아'라는 동아리를 만들어 작은 벤자민학교처럼 운영하면서 정말 많은 일들이 일어났다. 동아리 멤버들에게 벤자민학교 멘토 강연을 보여주면서 '도전하면 나도 할 수 있다'는 마음을 불러일으켰고, 자신이 원하는 것을 적는 '선택 리스트'를 만들게 했다. 동아리에서 공동으로 기획한 첫 프로젝트는 마라톤이었다. 매일 점심시간에 모여 함께 달리기 연습을 하고, 저녁에는 각자 인증샷을 올리며 서로 응원했다. 스스로 정한 목표 거리만큼 마라톤을 모두 완주한 이후에는 개별 프로젝트를 시작했다. 일본어 선생님이 되고 싶은 친구는 일본어 노래 작사와 일본어 인터뷰에 도전하면서 미래를 위해 자신의 모든 활동을 포트폴리오에 담는 작업을 했다. 의사가 되고 싶은 친구는 의학 용어를 찾아가며 자기 방식의 의학사전을 만들었다.

프로젝트를 경험한 20여 명의 동아리 친구들은 학업 성적이 오르고 학급에서 리더가 되어 학교생활을 더욱 활발하게 해나갔다. 동아리 운영은 내게도 매우 의미 있는 경험이었다. 동아리의 활동 상황을 정리한 소논문이 교내 논술대회에서 1등을 했고, 동아리 친구들이 성장하는 모습을 보면서 학교 선생님이 돼야겠다고 마음먹었다.

벤자민학교에서의 경험으로 동아리를 만들고, 동아리를 통해 결국 대학에 진학한 셈이다. 이제 나의 다음 프로젝트가 궁금하지만 그것이 무엇이든 분명 내 꿈에 다가가는 일이 될 것이다.

벤자민학교에서 쌓은 경험이
최고의 스펙이 되다 _ 이도윤

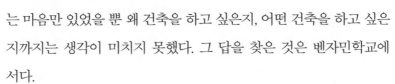

벤자민학교에서 친환경적이고 친인간적인 건축 디자이너의 꿈을 갖게 되어 일본 교토조형예술대에 들어갔다. 교토조형예술대는 미술 중심의 예술대학이다. 중학교 때 중국 여행을 하면서 건축에 관심을 갖게 됐는데 그때까지는 건축가가 되고 싶다는 마음만 있었을 뿐 왜 건축을 하고 싶은지, 어떤 건축을 하고 싶은지까지는 생각이 미치지 못했다. 그 답을 찾은 것은 벤자민학교에서다.

건축은 사람들의 주거 문제를 해결하는 데 꼭 필요한 일이다. 특히 디자인 건축 분야에 관심이 있는데, 벤자민학교 다닐 때 건축 관련 정보를 찾다가 종이로 건물을 짓는 일본 건축가 반 시게루를 알게 되었다. 종이 건축은 친환경적이고 지진이 나더라도 인명 피해를 줄일 수 있는 장점이 있다. 실제로 반 시게루의 종이 건축은 동일본 대지진으로 집을 잃은 사람들과 아프리카 빈곤층에 큰 도움이 되었다. 내가 교토조형예술대학을 택한 이유는 반 시게루가 이 학교 교수이기 때문이다.

벤자민학교에 다니면서 '나와 인류와 지구가 하나'라는 지구시민 의식을 자연스럽게 갖게 되었다. 옛날에는 흙과 나무와 돌로 집을 지어서 자연이나 인간에 해롭지 않았는데 요즘 건축은 그렇지 않다. 환경을 해치지 않고 인간에게 해롭지 않은 건축을 해야겠다는 생각을 한다. 뉴질랜드 얼스빌리지를 방문했을 때 지구시민학교에 대한 계획을 들었는데, 얼스빌리지에 적합한 친환경적이고 친인간적인 건축에 나도 참여하고 싶다는 바람을 갖고 있다.

교토조형예술대에는 지난해에 입학하려고 했는데 일본어 실력이 너무 부족해서 떨어졌다. 4개월 동안 일본어를 공부하면서 면접 때 나올 예상 질문과 답변을 일본어로 외워 갔다. 면접 시간이 길어지면서 예상치 않은 질문이 나오자 나는 동문서답을 했고, 면접관은 일본어 공부를 더 해야겠다면서 면접을 끝냈다. 지난 1년 동안 다시 일본어 공부에 매달리면서 힘들 때는 벤자민 프로젝트로 국토종주 했을 때를 떠올렸다. 22일간 부산 을숙도에서 서울을 거쳐 인천 아라빛섬까지 633킬로미터를 걷는 대장정이었다. 발에 물집이 잡혀 매일 밤 터트리고 붕대를 감고 다음 날 다시 걷기를 반복했다. 세 명이 같이 걸었는데 다행인 것은 서로 고비를 겪는 날이 달라서 다른 두 명의 격려를 받으며 갈 수 있었다는 것이다. 힘들 때 뒤처져서 혼자 걸을 때면 많은 생각을 했다. 주로 나 자신과의 대화였는데 돌이켜 보면 무척 소중한 경험이었다. 한계를 넘고 넘어 대장정을 무사히 마친 이후부터는 아무리 힘든 일이 있어도 '국토대장정만큼 힘들진 않아'라고 생각하게 되었다. 그 성취 경험이 유학을 준비하면서 고비를 만날 때마다 넘어서게 하는 힘이 되어 주었다.

이번에 면접을 다시 볼 때도 벤자민학교를 다닌 게 도움이 되었다. 면접관이 내게 고등학교를 자퇴한 이유를 물었는데, 벤자민학교라는 대안학교를 1년간 다녔고 그 과정을 통해 꿈과 자신감이 생겨서 여기에 오게 되었다고 했다. 한국에서 온 유학생들 가운데 우수한 성적으로 대학에 입학하고도 자기 관리가 되지 않아 문제가 생기는 경우가 있다는데, 면접관들은 내 이야기를 듣고 일단 그 점은 안심을 한 것 같았다.

일본에서 공부하는 동안 아르바이트도 할 계획이다. 벤자민학교에 다니면서 편의점 아르바이트와 치과 기공소에서 교정기 틀을 만드는 일을 했다. 하루 4시간 정도 아르바이트를 해서 3개월 간 120만 원을 모았는데, 부모님께 티셔츠를 선물하고 남은 돈으로 진학

준비를 했다. 아르바이트를 해보니 어디서든 돈을 벌 수 있겠다는 자신감이 생겼다. 형도 미국에서 유학 중이기 때문에 아르바이트를 해서 부모님의 부담을 조금이라도 덜어드리고 싶다.

중·고등학교 친구들 중 대학에 들어갔다가 휴학한 경우가 많다. 점수에 맞춰 들어갔다가 자퇴한 친구, 수능시험을 잘 보고도 시험 삼아 넣은 수시에 붙어서 원하지 않은 데를 갔다가 역시 맞지 않아서 전과를 하고, 거기도 안 맞아서 도망가듯 입대한 친구를 보면서 꿈과 목표를 갖는 것이 얼마나 중요한지 실감한다. 내가 고등학교를 자퇴하고 벤자민학교를 선택할 때 걱정했던 친구들이 이제는 내게 진로 상담을 해온다. 나도 벤자민학교에 가지 않았다면 그 친구들과 다르지 않았을 것이다. 자신이 좋아하는 것을 찾고 자신의 진로를 진지하게 탐색하고 싶다면 벤자민학교를 경험해 보라고 후배들에게 말해주고 싶다. 내가 다시 그 시간으로 돌아간다면 역시 벤자민학교를 선택할 것이다.

집짓기 봉사활동 하며
건축가의 꿈을 키우다 _성규리

어려서부터 교사나 상담사가 되고 싶었는데, 벤자민학교에서 건축에 관심을 갖게 됐다. 베트남과 캄보디아에 건축 봉사활동을 다녀온 것이 결정적 계기였다. 여성가족부와 해비타트가 주관한 해외 봉사 프로그램에 신청해 현지에서 집 짓는 일을 했는데, 그 집에 살게 된 사람들이 행복해 하는 모습을 보면서 그 일이 무척 가치 있는 일이라고 느꼈다. 이후에 건축가 멘토님을 찾아가서 건축가가 되려면 어떤 준비를 해야 하는지 알아보았다. 멘토님은 공간 체험을 많이 해보라고 하셨고, 공연이나 전시 같은 문화를 다양하게 접하는 것도 공간을 이해하는 데 도움이 될 거라고 하셨다. 무엇보다 건축은 인간에 대한 이해를 바탕으로 예술과 과학 기술이 어우러지는 분야여서 그 점에 특히 마음이 끌렸다.

벤자민학교를 졸업하고 얼마 있다가 검정고시를 봐서 전 과목 만점을 받았다. 하지만 대학에 바로 들어갈 마음이 생기지 않아서 아르바이트와 인턴으로 1년 남짓 일하다가 올해 명지대 건축학부에 입학했다. 5백만 원의 장학금도 받았다. 친구들은 자기들보다 1년 늦게 대학에 들어간 나를 부러워했다. 자신은 공부만 엄청 해서 대학에 갔는데, 나는 이런저런 경험을 해보면서 원하는 것을 찾아 대학에 갔기 때문이라고 했다.

벤자민학교에 다니면서 깨달은 것은 내가 생각보다 자신감 있고, 원하는 것을 스스로 해낼 수 있는 힘이 있는 사람이라는 것이다. 벤자민학교가 아니었다면 내가 나를 인정해 줄 수 있었을까? 내가 원하는 것을 발견하고 도전할 수 있었을까? 벤자민학교에 입학하는 것부터 나의 모든 선택을 존중해주신 부모님에 대한 감사함이 크다. 졸업 후에도 유학을 가든 대학에 진학하든, 올해 진학하든 내년에 하든 내가 원하는 대로 하라고 하셨다. 언제나 나를 믿고 기다려주시는 부모님께 감사드린다.

대학을 마치기 전에 더 세부적인 분야를 정해서 외국으로 유학을 갈 생각이다. 자연 친화적인 공간 전문가가 되어 사람과 자연이 조화롭게 공존하는 세상을 만드는 데 도움이 되고 싶다.

고 1때 공부를 해도 성적이 오르지 않아 고
민하다가 벤자민학교를 선택했다. 벤자
민학교는 교과목을 공부하는 학교가 아
니지만 벤자민학교에 다니면서 공부에
대한 고민을 풀 수 있었다. 공부를 왜 해야
하는지, 대학에 왜 가야 하는지 이유도 모른

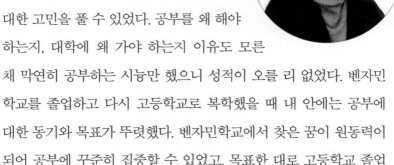

채 막연히 공부하는 시늉만 했으니 성적이 오를 리 없었다. 벤자민
학교를 졸업하고 다시 고등학교로 복학했을 때 내 안에는 공부에
대한 동기와 목표가 뚜렷했다. 벤자민학교에서 찾은 꿈이 원동력이
되어 공부에 꾸준히 집중할 수 있었고, 목표한 대로 고등학교 졸업
과 함께 이화여대 기후에너지시스템공학과에 진학했다.

환경 문제에 관심을 갖게 된 것은 SNS에 올라온 독도 관련 동영
상을 보면서부터다. 독도가 어느 나라 땅이라고 생각하느냐는 질문
에 한 외국인이 "잘 모르지만 일본 땅이었으면 좋겠다. 일본은 거리
가 깨끗한데 한국은 쓰레기도 많고 더럽다. 이왕이면 일본이 독도
를 관리하면 좋겠다"라고 답했다. 충격이었다. 우리나라의 거리가

그렇게 더러운 인상을 준단 말인가? 내가 사는 안양부터 거리를 다니며 둘러보았다. 안양 1번가 문화의 거리는 오가는 사람이 많고 유흥가가 밀집해 있는 지역인데 밤이 되면 음료수병, 전단지, 담배꽁초 같은 쓰레기가 넘쳐났다. 이런 상황을 알고서 가만있을 수는 없었다. 친구들과 함께 '안양 1번가 살리기' 프로젝트를 진행하기로 했다. 그런데 쓰레기를 줍다 보니 우리가 모두 처리하기 곤란할 정도로 양이 많아서 안양시청 홈페이지에 우리 프로젝트를 설명하고 처리 방안을 문의했다. 얼마 지나지 않아 안양시청 환경미화팀에서 분리수거용 쓰레기통과 쓰레기봉투, 집게 등 필요한 물품을 지원하겠다는 연락을 해왔고, 이후 환경미화 팀장님과 함께 월 1~2회 꾸준히 활동을 이어갔다. 고등학교에 복학해서도 환경 관련 활동을 계속했다. 안양시가 개최하는 청소년 정책제안 대회에 쓰레기통 설치와 일회용 컵 재활용 쿠폰제를 제안해서 우수상을 받았고, 환경 동아리 만들기, 안양천 살리기, EM비누 만들기, 안양시 청소년 정책 자문단 차세대위원회 활동 등을 했다.

벤자민 프로젝트로 시작한 이 같은 활동은 대학 입시 면접 때 큰 도움이 됐다. 면접 평가하는 교수님들이 대안학교에서 관심 있는 분야를 찾고 꾸준히 경험을 쌓아간 점을 긍정적으로 보신 듯했다.

벤자민학교를 선택할 때 엄마는 내게 '너만의 시간을 가져보라'고 하셨지만 아빠는 심하게 반대하셨다. 엄마는 중학교 교사, 아빠는 고등학교 교사인데 아빠는 정규 교육과정에서 벗어나면 안 된다는 생각이 강하셨다. 그런데 이번에 내가 쓴 대입 자기소개서를 읽어보신 아빠가 "네가 꿈을 찾고, 너 자신의 스토리를 만들었구나" 하셨다. 벤자민학교의 1년이 왜 드림 이어인지, 내가 벤자민학교에서 어떤 시간을 보냈는지 아빠도 이제는 이해하고 인정해 주시는 것 같아서 기뻤다. 엄마와는 지구의 미래에 대해서 이야기를 종종 나눈다. 엄마는 교육자니까 지구시민 교육을 맡고, 나는 지구 환경을 위해 대체에너지를 개발하겠다며 서로의 꿈을 얘기한다. 꿈을 향한 도전 프로젝트, 다시 시작이다.

꿈은 학력과 스펙이 아닌 인성으로 이루는 것 _육동현

벤자민학교를 졸업하고 지금은 영국 더럼 대학(Durham University)에서 경영학을 공부하고 있다. 벤자민학교에 다니면서 여러 멘토님들의 도움을 받았는데 특히 강연문화로 사회 변혁을 꿈꾸는 한동헌 대표님을 통해 틀 밖으로 생각을 깨고 나가는 힘을 얻었다. 벤자민 프로젝트도 강연 중심의 '온 이어On Year 토크 콘서트'를 기획했다. 후원받고, 연사 초청하고, 홍보 계획 짜는 것까지 모든 과정을 책임졌는데, 이런 경험을 통해 일을 계획하고 실행하는 능력과 자신감이 정말 커지는 것을 느꼈다. 이는 유학생활을 하면서 모든 것을 스스로 계획하고 문제를 해결해 가는 데도 큰 힘이 되고 있다.

벤자민학교 다닐 때 벤자민 프랭클린의 자서전을 읽었다. 그는 학교에 다니지 못하고 어려서부터 인쇄소에서 일했는데, 동료들이 맥주를 사마실 때 벤자민은 그 돈을 절약해 책을 사고 채식을 하며 절제하는 생활을 했다. 또한 스스로 열세 가지 덕목을 만들고 그것을 지키기 위해 노력하는 가운데 한 사람이 이룬 업적이라고 믿기 어려울 만큼 많은 일들을 해냈다. 평생토록 흔들림 없이 지켜낸 그의 신념과 놀라운 추진력에 감탄하면서 나는 늘 생각만 하고 계획만 세우지 실천은 하지 않는다는 사실을 깨달았다.

벤자민 프랭클린은 정규 교육을 2년밖에 받지 못했지만 당대에 뚜렷한 발자취를 남긴 정치인이자 과학자, 외교관, 저술가였다. 그 외에도 수많은 위대한 업적을 남긴 그를 보며, 나도 일반 고등학교가 아닌 대안학교를 택했지만 나 스스로 성장과 발전을 목표로 한 걸음 한 걸음 노력한다면 학력과 스펙이 아닌 인성으로 내가 꿈꾸는 일들을 해낼 수 있을 것이라고 생각한다.

청소년과 사회, 나와 세계의 소통을 위해 _박천선

벤자민학교 다닐 때 예산군 청소년 정책위원으로 활동하면서 청소년 관련 정책 토론회, 아침 도시락 전달 캠페인, 로컬푸드 알리기 등 다양한 체험을 했다. 벤자민학교를 졸업하고 검정고시를 치른 직후 여성가족부 중앙 청소년 참여위원회 위원으로 위촉되어 활동을 시작했다. 청소년 관련 조직에서 적극적으로 활동해온 청소년 25명으로 구성된 위원회는 여가부의 청소년 정책을 직접 점검하고 정책 대안을 제안하는 일을 맡는다. 출범식 때 여가부 장관님은 '청소년들이 스스로 권리를 인식하는 것, 자신이 살고 있는 사회 운영에 참여하고 소통하는 기회를 갖는 것이야말로 청소년들이 민주시민으로 성장하는 데 아주 중요한 요건'이라고 하셨다.

내 고등학교 친구들은 지금 고3이 되어 입시 준비로 여념이 없다. 나는 올 한 해 동안 청소년의 참정권을 확보하고, 입시 위주의 교육 제도를 바꾸는 데 필요한 일들을 할 작정이다. 혼자 하는 여행도 계획하고 있다. 첫 목적지는 대만. 아르바이트 하면서 여행 경비를 모으고 있다. 앞으로 세계 곳곳을 다니며 사람들을 만나고, 여러 문화권의 사람들과 교류하면서 다양한 활동을 하고 싶다.

> ## 음식점 아르바이트 하며
> ## 요리사의 꿈을 찾다 _안태욱

벤자민학교 다닐 때 음식점에서 아르바이트를 하면서 이전에는 생각지도 못했던 요리사의 꿈을 갖게 됐다. 친구의 소개로 아르바이트 하게 된 곳이었고 몇 달만 경험할 생각이었는데, 재미있어서 열심히 하다 보니 지금은 직원으로 일하고 있다. 정해진 출근 시간보다 한 시간 일찍 나가 영업 준비를 하면서 나중에 요리사가 되어 내가 만든 음식을 먹고 사람들이 즐거워하는 모습을 상상하곤 한다.

나의 가치는 나 스스로 만드는 것임을 벤자민학교 다니면서 알았다. 국토종주 할 때 지쳐서 힘겹게 걷고 있을 때 갑자기 구름 사이로 한 줄기 빛이 내 얼굴을 정면으로 비추는데 그 순간 나도 모르게 눈물이 났다. 내가 포기하지 않고 책임을 다하고자 하면 마침내 하늘이 돕는다는 생각이 들었다.

벤자민학교에서의 아르바이트 덕분에 내가 다른 사람에게 음식으로 즐거움을 주고 싶어 한다는 것, 내가 만든 음식을 맛있게 먹는 사람을 보면 내가 행복을 느낀다는 것을 알게 됐다. 열심히 일해서 경험을 쌓을 것이고, 일본의 요리학교로 유학할 생각도 있어서 일본어 공부를 시작했다.

마음의 상처를 치유해준
자연의 에너지를 나누고 싶어 _김권우

벤자민학교를 졸업하고 화훼장식 기능사 자격증을 땄다. 초등학생 때 생일 선물로 화분을 받을 만큼 어려서부터 식물을 좋아했다. 예기치 않은 일로 정신적 충격을 받아 우울증이 오고 무력감에 빠져 지내던 고등학생 때는 엄마와 가까운 분이 텃밭 농사를 권하셔서 경험해 보기도 했다. 60여 평 남짓한 땅이었는데 흙냄새를 맡으면서 땀 흘려 일하고 나면 마음이 편안해져서 좋았다. 학교가 끝나면 바로 밭으로 달려가 작물들이 오늘은 얼마나 자랐는지 살폈고, 주말에도 밭에 나가 한나절을 보내곤 했다. 텃밭 농사를 지으면서 자연의 생명력이 나를 치유해 주는 것을 느꼈다. 그런 경험이 있어서 화훼장식 분야에도 남달리 관심을 갖게 된 것 같다. 화훼를 조화롭게 장식함으로써 자연의 힐링 에너지를 사람들에게 전할 수 있을 거라고 생각한다.

화훼장식 기능사 실기시험은 합격률이 50퍼센트가 되지 않고, 대부분은 여성이다. 경험 없는 열아홉 살 남자인 내가 해낼 수 있을까 하는 생각에 처음에는 도전하기를 망설였다. 하지만 벤자민학교에서 배운 보스BOS 법칙 중 '시간과 공간의 주인이 되어 환경을 디자인하라'는 메시지를 새기며 자격증 과정을 시작했고, 한 번에 합격했다. 자격증을 받은 후 바로 사업자 등록을 하고 SNS로 홍보하면서 혼자서 일을 시작했다. 모든 게 다 처음 해보는 일이어서 서툴고 부족하지만 나 스스로 해내는 과정 자체가 즐겁다. 앞으로 경력을 쌓아서 화훼기사 자격증도 따고, 대학에 진학하거나 해외에 나가서 관련 분야를 공부할 생각이다.

20킬로그램을 감량하고 국제 퍼스널 트레이너가 되다 _박경률

꽤 통통한 체형이어서 벤자민학교 졸업을 앞두고 체중을 15킬로그램 감량하겠다는 목표를 세우고 다이어트를 위한 운동을 시작했다. 마침 학교밖 청소년 지원센터 '꿈드림'에서 국비 지원하는 트레이너 교육 과정이 있어서 여기에 신청을 했는데 운 좋게도 전국 청소년 다섯 명을 대상으로 한 기회가 내게 주어졌다. 이 프로그램 덕분에 교육비와 함께 교육 기간 동안 숙소 비용까지 지원받으면서 안정된 환경에서 교육과정을 이수하고, 필기와 실기 시험까지 모두 통과해 퍼스널 트레이너 자격증을 취득할 수 있었다. 이는 국제트레이너연맹에서 인정하는 국제 자격증이다.

몸무게는 총 20킬로그램, 체지방률은 최대 8퍼센트까지 감량했고, 트레이닝 특성상 근력이 많이 강화됐다. 졸업 이후 새로운 도전을 앞두고 더욱 심기일전하기 위해 시작한 운동인데, 몇 달 사이에 여기까지 오면서 몸과 마음의 여러 가지 변화를 체험했다. 스스로 정한 목표가 있으면 적극적으로 방법을 찾게 되고, 목표를 이루기 위해 몰두하게 된다는 것을 체득한 소중한 경험이다.

> ## 좋은 솜씨만큼 중요한 것은
> ## 정성을 다하는 태도
> _윤민지

우울증으로 거의 자포자기 상태에 있는 나를 안타깝게 여긴 할머니가 돌아가시기 직전에 벤자민학교 입학을 당부하셨다. 할머니의 유언을 들어드리는 마음으로 벤자민학교에 들어갔지만 내 상태는 여전했다. '인사이드 아웃'이라는 애니메이션 영화에 나오는 '새드니스'가 딱 나였다. 항상 우울하고 의욕 없는 모습.

그랬던 내가 주변의 따뜻한 격려와 인정 속에 조금씩 변화하면서 꿈 같은 1년을 보내고 지금은 네일 아트숍을 운영하고 있다. 벤자민학교에 다니기 전에는 다른 사람과 말하는 법을 몰라서 친구들과도 불화하는 경우가 많았는데, 지금은 숍에 온 고객들과 친근하게 대화를 나누는 일이 어색하지 않다.

벤자민학교 다닐 때 교통사고로 무릎을 다쳐서 한동안 쉬어야 했던 무렵에 네일 아트를 시작했다. 평소에 관심이 있던 분야여서 취미 삼아 해본 것인데, 하다 보니 완전히 빠져들어 6개월 만에 자격증을 따고 네일숍도 바로 열었다. 주변에만 여섯 개의 네일숍이 있어서 고객이 우리 숍을 계속 방문하게 하려면 어떻게 해야 할지를 늘 고민했다. 다행히 겨울 비수기도 무사히 넘기고, 개업 1년이 지날 즈음부터 숍이 자리를 잡기 시작해 지금은 두 명의 직원과 함께 일하고 있다.

얼마 전에는 지구시민운동을 지원하기 위해 '지구시민 사업장'으로 가입하고 숍 출입구에 인증 팻말을 붙였다. 이를 보고 지구시민 사업장이 뭐냐고 묻는 고객을 만나면 더욱 반갑다. 고객을 대할 때 좋은 솜씨 이상으로 중요한 것은 정성을 다하는 태도라고 생각한다. 벤자민학교 출신의 인성영재로서 일을 통해 나의 가치를 실현할 수 있도록 노력하겠다.

뇌를 잘 활용한다는 것은 가치를 창조해 낸다는 말과 같다.

뇌를 잘 활용함으로써 자신의 가치를 실현할 수 있다.

자신의 가치를 발견하고, 그 가치를 실현하는

사람이 인성영재라 했는데,

이는 곧 뇌교육이 목표로 하는 인간상이다.

6장

이 모든 것의 시작,
뇌교육

모두를 위한 최고의 재능,'인성'을 깨우다

뇌를 활용한다는 것은
어떤 의미인가?

일을 하다 보면 더 나아가기 위해 결단을 내려야 하는 순간이 온다. 대개 그런 순간은 그동안 매우 힘들여 해온 일이 겨우 안정될 무렵 찾아온다. 1995년 그때도 그랬다. 단학선원(현 단월드)이 전국 주요 도시에 자리를 잡고 센터와 공원을 통해 수련문화를 알리던 시기에 이를 더 널리 대중화하고 세계화하기 위한 발판을 마련해야 했다. 선택해야 하는 순간에 머뭇거리면 오래 지나지 않아 안정은 깨지고 결국 퇴보하게 된다. 결단은 오로지 내 몫의 책임이었다. 나는 고요에 이르기 위해 모든 일을 놓고 명상에 들었다. 시간이 흐르고 마침내 하나의 메시지가 선명하게 내 앞에 놓였다. 다시 개척자가 돼라는 나 자신의 명이었다. 나는 이를 받아들고 새로운 개척지 미국으로 향했다.

뉴욕 JFK공항에 내려 짐가방 두 개를 끌고 낯선 공항 표지판들을 살폈다. 가야 할 방향을 가늠해 보기 위해서였다. 그때 예기치 않은 일이 벌어졌다. 마치 날 기다리던 마중객인 양 나타난 미국인 남자 둘이 수레에 실어놓은 내 가방을 하나씩 집어 들고 서로 다른 방향으로 달아났다. 가방에는 미국에서 생활할 돈과 소지품이 모두 들어 있었다. 개척을 다짐하고 온 땅에 발을 딛자마자 이런 일이 생기다니, 시작부터 잘못되고 있다는 낭패감에 뒤를 좇을 생각도 못하고 멍하니 서 있었다. 양 갈래로 냅다 뛰어가는 이들의 뒷모습을 눈으로 좇으며 한 가지 확실하게 알 수 있었던 것은 가방을 되찾지 못할 거라는 사실이었다.

그렇지 않아도 앞이 보이지 않는 상황인데 앞으로의 일은 더욱 알 수 없게 되고, 이미 벌어진 상황을 돌이킬 방도도 없으니 그 순간 내가 할 수 있는 건 마음을 바꿔먹는 것뿐이었다. 나는 내 뇌에 완전히 다른 이야기를 들려주기로 했다. '나는 가방을 도난당한 것이 아니다. 새롭게 시작해야 하는 미국에 왔으니 앞으로 일이 잘 되어 미리 감사한다는 의미로 미국에 도네이션을 한 것이다.' 이렇게 뇌 속 정보를 바꾸자 아직은 계획일 뿐인 여러 일들이 정말 잘 풀릴 것 같은 기분마저 들었다. 가방을 잃었다는 사실은 달라지지 않았지만, 조금 전의 암울했던 기분에서 벗어나 다시 걸을 수 있는 힘을 스스로 얻은 것이다.

정보처리 기관인 뇌에서 정보처리를 어떻게 하는지에 따라 상황은 달라진다. 부정적으로 처리하면 무엇이든 문제 상황이 되고, 긍정적으로 처리하면 세상에 좋은 일 나쁜 일이 따로 없다. 이는 선택이다. 그러나 선택임을 알아도 내게 선택하는 감각과 힘이 없으면 원하는 쪽으로 가지 못한다. 정보를 처리하는 감각과 힘을 길러서 뇌를 잘 활용하는 기술이 뇌교육이다. 뇌교육의 목표는 뇌를 잘 활용하여 더 건강하고 행복하고 평화로운 삶을 창조하는 것이다.

뇌는 잠잘 때조차 쉬지 않고 24시간 일하는 기관인데, 뇌를 더 활용한다는 것은 어떤 의미인가? 뇌를 활용한다는 것은 정보처리를 적극적으로 하는 것을 뜻한다. 뇌는 정보처리 기관이다. 눈, 코, 입, 귀, 피부로 감각하는 모든 것이 전기신호 형태의 정보로 뇌에 전달되면 뇌는 이에 반응해 각종 기능을 수행한다.

반응의 일관성이 있을 때 우리는 그것을 습관이라고 한다. 습관에 따라 정보처리를 하면 늘 같은 방식으로 반응하게 된다. 부정적인 사고 습관이 형성돼 있으면 무슨 일에든 부정적인 반응이 앞서고, 화를 내는 감정선이 강화돼 있으면 작은 자극에도 쉽게 분노하며, 긴장된 상태가 기본값으로 굳어 있으면 스트레스 반응이 민감하게 나타난다. 습관이란 매번 판단하지 않고 일을 처리할 수 있는 뇌의 전략이어서 에너지를 절약하는 데는 유용하지만, 한 번 만들어지면 바꾸기가 어려워서 뇌를 창조적으로 활용하는 데는 방해 요인이 된다.

정보처리를 적극적으로 하려면 기준이 필요하다. 뇌교육에서 가장 중요한 부분이 정보를 처리하는 기준이다. 뇌에 쏟아져 들어오는 수많은 정보들을 어떠한 기준으로 처리하는가에 따라 뇌를 활용한 결과가 달라진다.

다음은 뇌 활용의 좋은 예라고 할 수 있는 한 환경미화원의 이야기다. 그는 오랜 세월 거리 청소를 하면서 언제나 밝은 표정을 잃지 않았다. 거리를 오가며 이를 지켜본 한 청년이 그에게 물었다. "더러운 쓰레기를 치워야 하는 힘든 일을 하면서 어떻게 그렇게 항상 웃을 수 있지요?" 청년은 환경미화원이 사회적으로 존경받는 직업도 아니고 월급이 많지도 않은데 늘 밝은 모습으로 열심히 일할 수 있는 이유가 궁금했던 것이다. 환경미화원은 환한 얼굴로 이렇게 답했다. "나는 지금 지구의 한 모퉁이를 청소하고 있다네."

청년이 가지고 있는 정보처리 기준이 사회적 평판이라면, 환경미화원의 정보처리 기준은 지구적 공헌이다. 뇌를 잘 활용한다는 것은 가치를 창조해 낸다는 말과 같다. 뇌를 잘 활용함으로써 자신의 가치를 실현할 수 있다. 벤자민학교에서는 자신의 가치를 발견하고 그 가치를 실현하는 사람이 '인성영재'라 했는데, 이는 곧 뇌교육이 목표로 하는 인간상이다. 환경미화원은 자신의 가치를 발견하고 뇌를 잘 활용해서 가치를 실현한 사람이고, 최고의 인성을 깨운 지구시민이다.

무엇을 하는가보다 어떻게 하는가가 중요하다는 말은, 뇌에 어떤 정보가 들어가는가보다 뇌에서 정보를 어떻게 처리하는가가 더 중요하다는 말로 바꿀 수 있다. 가치를 실현하는 쪽으로 정보처리를 하는 사람은 직업이 무엇이든, 돈이 얼마나 있든, 평판이 어떻든 스스로 만족하고 행복감을 누리며 살 수 있다. 가치 실현의 의지가 강하면 목숨을 내놓는 일조차 금지를 위해 결행하는 것이 인간이다. 그만큼 가치에 대한 인식은 우리의 삶에, 사회에, 세상에 결정적인 영향을 준다.

가치를 실현하기 위한 정보처리 기준을 정하는 것은 개인의 선택이다. 자신의 가치를 발견한 사람은 자신과 세상을 위한 기준을 선택할 수 있다. 정보처리 기준을 스스로 선택할 때 비로소 뇌의 주인이 된다. 기준이 없으면 뇌에 주인이 없는 것과 같다. 주인 없는 뇌에서는 습관과 욕망과 이기심이 주인 노릇을 한다. 자신의 의지와 상관없이 이런저런 경험과 환경에 따라 굳어진 습관이 삶을 끌어가고, 욕망과 이기심이 삶을 헝클어놓을 때 우리는 불행하다고 느낀다.

뇌의 주인으로 살면, 때때로 찾아오는 고난은 삶을 고양시키는 경험이 되고, 실패는 창의를 키우는 양분이 되어 삶의 행복감을 끌어올린다. 뇌를 활용하는 감각도 뇌의 주인 단계가 됐을 때 가장 창의적으로 발현된다.

뇌교육은 습관과 욕망과 이기심에 빠진 뇌의 감각을 깨우고, 정보를 선택하는 힘을 길러 뇌의 주인이 되기까지의 과정을 다섯 단계로 나눈다. 1단계 뇌 감각 깨우기, 2단계 뇌 유연화하기, 3단계 뇌 정화하기, 4단계 뇌 통합하기, 5단계 뇌 주인되기다. 각 단계는 뇌기능을 최적으로 활성화하는 과정을 기능적으로 구분한 것이다. 단계별로 수련법이 있으나 수련을 반드시 순차적으로 해야 하는 것은 아니다. 여기서는 각 단계의 특성을 설명하고, 수련법은 다루지 않는다.

뇌활용 솔루션 1 뇌교육 5단계

1단계 · 뇌 감각 깨우기

뇌교육의 첫 단계는 몸의 감각을 깨우는 것부터 시작한다. 우리 몸의 다른 부분과 달리 뇌는 딱딱한 두개골로 싸여 있어 직접 만지거나 운동시킬 수 없다. 하지만 뇌는 우리 몸의 각 부위를 관할하는 여러 영역으로 이루어져 있고, 몸의 각 부위와 뇌의 해당 영역은 서로 긴밀한 작용을 하고 있다. 따라서 몸을 움직이고 몸의 감각을 자극함으로써 뇌의 해당 영역을 활성화할 수 있다. 몸의 감각이 충분히 깨어나고 집중력이 높아지면 몸속의 에너지 흐름을 느끼고 조절할 수 있게 된다. 이 에너지 감각을 활용하면 뇌의 감각을 훨씬 효율적으로 일깨울 수 있다.

2단계 · 뇌 유연화하기

물리적으로 보면 뇌는 우리 몸에서 가장 유연한 기관 중의 하나이다. 뇌에는 뼈나 근육이 전혀 없다. 그래서 뇌는 일견 부드러운 것 같지만, 고정화된 사고 습관과 신념 때문에 가장 저항력이 강한 기관이다. 습관과 신념은 뇌 속에 신경회로의 형태로 존재하고, 이 회로들은 반복해서 사용할수록 견고해진다. 그러나 뇌의 가소성(지속적인 정보 자극에 의해 뇌의 기능이 변화하는 성질) 덕분에 우리는 언제나 새로운 것을 배우고, 사고와 행동의 낡은 패턴을 변화시킬 수 있다. 뇌 유연화하기는 뇌회로를 자극해 유연하게 만들고 자신의 안전지대를 벗어나 새로운 사고와 행동을 시도하는 과정이다. 이 과정을 통해 좀 더 유연한 자세를 갖게 되고, 더 창의적으로 도전할 수 있게 된다.

3단계 · 뇌 정화하기

우리 모두는 뇌 속에 엄청난 양의 정보를 쌓아두고 있다. 이러한 정보 중에는 우리의 성장과 발전에 도움이 되는 정보가 있는가 하면 그렇지 않은 정보도 있다. 중요한 것은 정보가 곧 실체는 아니라는 점이다. 자신이 정보를 검색하고 수정하고 폐기하고 창조하는 정보의 주인이라는 것을 자각할 때 뇌 정화하기가 시작된다. 뇌 정화하기에서는 자신에게 도움이 되지 않는 낡고 부정적인 정보들을 의식적으로 놓아버리는 연습을 한다. 특히 자신을 제약하는 감정적인 기억을 정화함으로써 뇌의 정보처리 기능을 원활하게 할 수 있다.

이 과정을 통해 몸과 뇌는 자연스러운 균형을 회복하고 그 결과로 자연치유가 일어난다.

4단계 · 뇌 통합하기

뇌 통합하기는 뇌교육 5단계 중 가장 핵심적인 과정으로, 생각과 감정의 에너지는 낮추고, 뇌의 가장 심부에 있는 생명중추의 에너지는 높여서 뇌의 각 부위가 에너지적으로 통합되는 상태이다. 뇌 통합 상태가 되면 순수하고 명료한 의식과 집중력으로 자신이 원하는 것을 이룰 수 있는 힘이 생긴다. 뇌 통합하기는 자신의 신념 체계를 돌아보고 핵심 가치를 재정립함으로써 삶의 여러 영역들을 이 핵심 가치를 중심으로 재구성하는 과정이다. 우리의 생각과 말과 행동이 일치할 때, 우리가 진정으로 원하는 것과 우리의 삶이 일치할 때 뇌의 모든 기능이 최적화한다. 뇌의 각 기능들이 서로 다른 방향으로 에너지를 소모하지 않고 하나의 목표를 향해 통합적인 방식으로 협력하기 때문이다.

5단계 · 뇌 주인되기

뇌의 주인이 된다는 것은 통합된 뇌의 창조력을 최대한 활용할 수 있다는 것이다. 이 단계에서는 이전 네 가지 단계에서 배운 뇌활용의 원리와 방법들을 생활 속에서 끊임없이 적용함으로써 생산적이고 창조적이고 평화로운 삶을 살아갈 수 있다. 또한 뇌 통합하기를 통해 발견한 자아 개념과 핵심 가치를 삶 속에서 실현함으로써 자신의 의식 성장과 더불어 전체의 이익을 위한 삶, 홍익을 도모할 수 있다.

뇌활용 솔루션 2 보스^{BOS} 5법칙

뇌교육 5단계에 이어 소개할 뇌활용 솔루션은 '보스^{BOS} 5법칙'이다. 브레인 오퍼레이팅 시스템Brain Operating System의 머리글자를 딴 BOS는 '뇌 운영체제'라는 뜻이다. 컴퓨터에 운영체제(OS)가 있듯이 우리 뇌도 뇌기능을 더 잘 활용할 수 있게 하는 운영체제가 필요하다고 생각해서 만든 것이 BOS이다.

BOS는 뇌교육 5단계를 기반으로 뇌를 잘 활용하여 삶에서 실질적인 창조를 이룰 수 있게 하는 다섯 개의 법칙으로 되어 있다. 이 법칙들은 원리적으로 뇌가 기능하는 방식에 기초하고 있고, 에너지 차원에서는 심기혈정心氣血精을 따르고 있다. 심기혈정은 마음이 가는 곳에 기운이 흐르고, 기운이 흐르면 생명력이 동하여 변화가 일어난다는 뜻으로 의식이 현상을 만들어내는 원리를 가리킨다.

BOS 5법칙과 뇌교육 5단계는 원리적으로 연결되어 있으며, 뇌교육 5단계를 체험함으로써 BOS법칙을 더 깊이 이해하고 활용할 수 있다. BOS법칙의 다섯 가지 메시지는 '정신을 차려라, 굿 뉴스가 굿 브레인을 만든다, 선택하면 이루어진다, 시간과 공간의 주인이 되어라, 모든 환경을 디자인하라'이다. BOS법칙의 핵심은 창조성을 발휘하는 데 있다. 다섯 개의 메시지 모두 창조와 관련돼 있으며, 이 메시지들을 활용해 풍요로운 삶을 창조하는 것이 BOS법칙의 목적이다.

또한 창조성은 인성의 가장 주요한 특성이다. 따라서 창조적 인재 양성을 목표로 하는 벤자민학교의 인성영재 교육에서 BOS법칙은 핵심 메시지로서 학생들이 모두 외우고 있을 만큼 적극적으로 활용된다. 한 학생은 BOS법칙에 대해 "처음에는 그냥 좋은 조언처럼 들렸는데, 실제로 체험해 보니까 달랐다. 평생 품고 갈 소중한 재산이다. 벤자민학교를 졸업하고 복학했다가 대학생이 된 지금도 내 안에 각인된 BOS법칙이 계속 작동하는 것을 느낀다. 앞으로도 BOS법칙을 적극적으로 활용해서 내가 꿈꾸는 세상을 실현하고 싶다"고 말한다. 또 다른 학생은 대학 입시를 앞두고 성적 때문에 고민하다가 '선택하면 이루어진다'는 BOS법칙을 떠올리고 원하는 대학에 이미 다니고 있는 자신의 모습을 상상했다. 상상과 함께 정말 기쁜 느낌이 들었다는 이 학생은 이제까지의 불안과 고민을 털어내고 설레는 마음으로 공부했고, 까다로운 미래 인재 전형을 모두 통과해 원하는 대학에 합격했다. 학생은 '선택하면 이루어진다'는 3법칙을 활용했다고 했지만 그뿐 아니라 불안에 흔들리던 정신을 차리고(1법칙), 상상의 굿 뉴스를 만들고(2법칙), 시간과 공간의 주인이 되어(4법칙), 스스로 환경을 디자인했다(5법칙).

풍요로운 삶을 창조하는 BOS 5법칙을 하나씩 살펴본다.

BOS 1법칙 · 정신을 차려라

정신을 차린다는 의미는 자신의 뇌를 자각하는 것이고 '지금 여기'에 집중하는 것이다. 과거의 성공이나 불행이라는 정보에 지배당하고 살거나 미래에 대한 걱정이나 환상 속에서 사는 것이 아니라, 현실을 정확하게 직시하고 삶의 소중한 순간들을 느끼며 사는 것이다. 현실 속에서 자기의 문제를 해결해 나가며 미래를 창조하는 것이다. 또한 정신을 차린다는 의미는 영점을 회복하고 균형을 회복하는 것이다. 영점이란 어떤 것에도 치우치지 않은 균형 잡힌 상태이다. 그 상태에서 올바른 선택과 판단을 할 수 있다.

BOS 2법칙 · 굿 뉴스가 굿 브레인을 만든다

우리 뇌는 매일 수없이 밀려오는 정보의 홍수 속에 그대로 노출되어 있다. 아침에 눈을 떠서 밤에 잠자리에 들 때까지 오감을 통해 들어온 정보가 뇌로 쉴 새 없이 전달되고, 뇌는 수많은 정보를 처리하느라 몹시 바쁘다. 미처 저장되지 않은 정보는 버려지고, 어떤 정보는 잠재의식으로 들어가 생각과 감정, 행동에 영향을 미친다.

여러 사람이 같은 음식을 나눠 먹은 후에 그 중 한두 사람이 음식이 상한 것 같다면서 배를 움켜쥐면 다른 사람들도 복통을 느끼며

메스꺼움을 호소한다. 실제로는 음식에 아무 문제가 없는데도 뇌에 상한 음식이라는 정보가 들어가고 뇌가 이것을 사실로 받아들이면 몸에서 식중독 반응이 일어나는 것이다.

가짜 약을 먹어도 그 약이 특효약이라고 믿으면 약효가 나타나는 플라시보 현상도 마찬가지다. 실제 정보가 사실이든 아니든 뇌가 믿는 대로 몸의 반응이 결정된다. 따라서 몸을 건강하게 하고 기분을 좋게 하려면 뇌에 긍정적인 정보를 주어야 한다.

정보를 주체적으로 선택하라고 말해주는 우화가 있다. 한 인디언 노인이 손자를 앉혀 놓고 말했다. "네 마음속에는 착한 늑대와 나쁜 늑대가 사는데, 그 둘은 항상 서로 싸운단다. 너는 어떤 늑대가 이길 거라고 생각하니?" 손자는 한동안 생각하다가 모르겠다며 할아버지에게 누가 이기는지 되물었다. 노인이 답했다. "네가 먹이를 준 늑대가 이긴단다."

BOS 3법칙 · 선택하면 이루어진다

우리의 삶은 매 순간 선택의 연속이다. 선택하는 순간, 뇌는 그 선택을 이룰 수 있는 상황을 만들어 내기 시작한다. 선택의 의지가 강력하고 오래 지속될수록 뇌는 더 강하게 반응한다. 선택한 것을 이루기 위한 뇌의 계획은 마치 다른 뇌들과 연대해서 프로젝트를 수행하기라도 하는 듯 주변의 포괄적인 변화와 우연한 요인들을 수반한다. 나를 둘러싼 환경에 변화가 나타나고, 예상치 않은 기회가 생기고, 새로운 만남이 이루어지면서 선택한 것을 이루는 흐름이 만들어진다. 이는 마음먹은 대로 기운이 따라가는 심기혈정의 원리로 설명할 수 있다. 내 의지에 따라 내 기운이 움직이고, 내 기운의 움직임이 다시 주변의 기운에 영향을 미치면서 연쇄적인 흐름이 확산되는 것이다.

선택한 후에는 원하는 상황을 구체적으로 떠올리고, 그것을 이룬 순간의 모습을 시각화하면서 감정까지 실제인 듯 느껴본다. 뇌는 상상을 현실인 양 체험하면서 차츰 불안한 감정과 부정적인 생각에서 벗어나 반드시 이룰 수 있다는 자신감과 믿음을 갖게 된다. 그 자신감과 믿음이 뇌 통합의 힘을 북돋아 실제로 원하는 것을 실현할 수 있다.

BOS 4법칙 · 시간과 공간의 주인이 되어라

'다람쥐 쳇바퀴 돌 듯'이라는 속담은 바쁘게 움직이면서도 늘 시간에 쫓기고 공간에 종속되어 한 치도 앞으로 나아가지 못하는 사람의 헛된 노력을 꼬집어 비유한 말이다. 있는 힘을 다해 열심히 하는데도 현실은 바뀌지 않고, 결국 서서히 지쳐가다 멈춰 서는 인생이라면 노력을 미덕이라며 마냥 권할 수만은 없다.

시간과 공간의 주인이 돼라는 것은 무조건 열심히 하기보다 잘하라는 격려이고, 잘하기 위한 핵심 마인드이다. 주인이 되는 가장 중요한 자질은 창조성이다. 창조성은 번잡한 생각과 감정들을 비워내 집중력이 올라가는 순간에 '번쩍' 하고 깨어난다. 자신의 분야에서 탁월한 업적을 이룬 철학자, 수학자, 과학자, 예술가들이 일과 중 산책을 즐긴 이유가 이 때문이다. 고요하면서 생기 가득한 숲길을 걸으면 몸에 활력이 생기고 감정의 파도가 잠잠해지면서 자신이 집중하고 있는 문제의 실마리가 잡히는 순간을 만난다. 영감 넘치는 이 창조의 순간을 위해 산책하는 시간을 소중한 일과로 지켰다는 일화는 동서양의 위인들에게서 어렵지 않게 찾아볼 수 있다.

창조성은 탁월한 성과를 내야 하는 사람만이 아니라 누구에게나 필요하다. 다람쥐 쳇바퀴 돌 듯 살지 않고 행복하게 살기 위해 창조성은 반드시 필요한 자질이다. 창조적으로 사는 사람이 위인, 위대한 사람인 것이다. 여기서 창조란 가치 있는 것을 위한 창조이다. 가장 넓은 의미에서 보면 인간이 하는 모든 일이 창조일 수 있다. 그러나 자신의 가치를 알고 삶의 방향을 정한 사람이 스스로 택한 과제에 집중할 때 나타나는 창조성이야말로 현실의 문제를 극복하고 새로운 가치를 만들어 내는 최고의 능력이다.

시간과 공간의 주인인 사람은 자신을 과거나 미래, 또는 이곳이 아닌 다른 곳을 떠돌게 하지 않는다. 지금 여기에 문제가 많더라도 주인의 의식으로 창조성을 깨우고 정신 차리고 있을 때, 현실을 넘어 다음 단계로 나아가는 순간을 만날 수 있다.

BOS 5법칙 · 모든 환경을 디자인하라

우리는 여러 가지 환경들에 둘러싸여 살고 있다. 집이나 일터 같은 삶의 공간들을 비롯해 가족, 친구, 직장 동료 등 나와 교류하는 사람들, 하고 있는 일이나 취미, 심지어 내 몸과 마음까지도 모두 내 삶을 이루는 환경에 속한다.

우리는 늘 좋은 환경에서 살기를 희망하지만 환경은 예기치 않은 변화를 항상 수반한다. 내 의지와 상관없이 변화하는 환경에 이끌려 살다 보면 어느덧 삶이 무력하고 허무하게 느껴진다. 환경에 영향을 미치는 요인은 숱하게 많지만 환경의 궁극적인 주인은 우리의 의식이다. 의식이 밝게 깨어 있으면 어떤 환경에서든 자신의 상황을 바꿀 수 있는 힘을 발휘할 수 있다. 자기 자신을 성찰하고, 자신을 둘러싼 환경을 통찰하여 긍정적인 변화를 꾀하는 것이 환경을 디자인하는 감각이다. 몸을 더 건강하게 하기 위해 운동을 하고 식습관을 바꾸는 실천도 환경 디자인이라 할 수 있다.

자신이 주위 사람들에게 하나의 환경이 될 수 있다는 점도 기억해야 한다. 그들에게 나는 어떤 환경인지 돌아보는 마음이 관계를 더 긍정적으로 이끌어 준다. 모든 사람이 건강하고 행복하기를 바라며 밝은 에너지를 나눌 때, 나는 그들에게 좀 더 좋은 환경이 될 수 있다.

넓은 시각으로 보면 내가 속한 사회는 물론 인류와 지구가 처한 상황도 나에게 중대한 영향을 미치는 환경이다. 나를 위한 환경 디자인에서 인류와 지구를 위한 환경 디자인으로 의식을 확장해 간다면 더 나은 미래에 대한 희망을 가질 수 있을 것이다.

15만 명의 학생과
학부모가 체험한 뇌교육

한국뇌과학연구원에서 뇌교육 연구 성과들이 나오고, 이를 토대로 방법론을 정립하면서 뇌교육을 본격적으로 실용화하는 단계가 시작됐다. 유아부터 성인까지 모든 연령층에서 뇌교육을 체험할 수 있도록 시스템을 만드는 것이 목표였고, 이중 특히 아동과 청소년들에게 뇌교육을 보급하는 것이 가장 시급하다고 판단했다. 아동·청소년기는 뇌가 매우 빠른 속도로 변화하는 시기이므로 이때 뇌교육을 적용하면 가장 큰 효과를 얻을 수 있기 때문이다.

1998년 뇌교육 전문회사 'BR뇌교육'을 설립해 지역마다 뇌교육 지점을 만들었다. 아이들이 지점에 와서 뇌교육 선생님과 함께 수업을 하는 형태였다. 당시 가장 어려웠던 점은 지금도 마찬가지지만, 성적을 올려주는 공부가 아니면 관심을 보이지 않는 학부모들에게 뇌교육의 효과를 설명하는 일이었다. 뇌교육을 시키면 성적이 올라가는지를 궁금해 하는 학부모에게 뇌교육이 아이의 인성을 깨워준다는 설명은 기대하는 답이 아니었다. 뇌교육을 하면 자기주도

성이 개발되어 공부도 더 잘하게 되지만 그 원리와 과정까지 이해하고 수긍하려면 부모도 공부가 필요할 정도여서 상담이 쉽지 않았던 것이다.

자신의 아이에게 뇌교육을 시킨 학부모가 다른 학부모에게 뇌교육을 소개하는 것이 상담보다 훨씬 효과적이었다. 나중에는 학부모를 위한 뇌교육 프로그램을 만들어 부모가 먼저 뇌교육을 체험해볼 수 있게 함으로써 뇌교육의 효과에 대한 이해를 높일 수 있었다.

아동과 청소년 대상의 뇌교육은 현재 전국 70여 곳의 BR뇌교육 지점에서 성장 단계별로 다양하게 구성한 프로그램이 운용되고 있고, 부모 대상의 뇌교육도 적극 활성화하고 있다. 아이의 자존감과 행동양식은 대부분 부모와의 관계에서 형성되기 때문에 부모교육이 같이 이루어지는 것이 아이의 변화와 성장을 이끄는 데 도움이 된다. 부모 뇌교육 프로그램으로는 '뇌교육 부모교실', '뇌교육 지도사', '좋은 부모 힐링캠프' 등이 있다.

현재까지 BR뇌교육의 뇌교육 프로그램을 이수한 학생과 학부모는 약 15만 명에 이른다. 초기에 뇌교육을 체험한 어린이는 이제 서른 살 전후의 청년이 되었다. 2005년에 출간한 뇌교육 책 《아이 안에 숨어 있는 두뇌의 힘을 키워라》에 체험 사례로 나왔던 김재홍 군도 그중의 한 학생이다. 당시 초등학교 5학년이던 재홍 군은 뇌교육 과정에 꾸준히 참여하여 국제브레인HSP올림피아드에서 대상을 수상하고, 국제영재재단 1기로 선발되는 등 뇌교육 인성영재로 성장

해갔다. 이후 재홍 군은 미국의 유명 사립학교인 세인트 존스버리 고교에 유학해 차석으로 졸업하고, UC버클리 대학에 입학했다. 중학교를 마친 직후부터 미국에서 홀로 유학생활을 하면서 힘겨울 때가 무척 많았는데, 5년 넘게 뇌교육 트레이닝을 한 경험이 큰 도움이 됐다고 한다.

머릿속 '브레인 스크린'에 수업을 저장하다 _김재홍

초등학교 5학년 때 뇌교육을 시작했다. 이전까지 나는 수업 시간에 손들고 발표를 하거나 친구에게 먼저 말을 걸지 못할 정도로 소심하고 소극적이었다. 그런데 뇌교육을 하면서 성격이 달라졌다. 뇌교육의 목표는 내 뇌의 주인이 되는 것이다. 중학교에 가서도 뇌교육을 계속하면서 자신감을 키웠고, 나는 꿈을 펼침으로써 세상에 기여하는 사람이라는 의식이 생기면서 당당한 태도를 갖게 되었다.

뇌교육은 공부에도 매우 도움이 됐다. 수업 시간에 선생님의 설명을 들을 때, 뇌교육 수업에서 배운 '브레인 스크린'을 머릿속에 띄우고 수업 장면을 녹화하듯이 집중했다. 잠들기 전에는 브레인 스

초등학교 5학년 때부터 뇌교육을 하면서 세상에 이로운 사람이 되자는 비전을 마음에 품은
김재홍 학생

크린에 저장한 내용을 떠올리면서 그날 배운 부분을 복습했다. 이렇게 해두면 시험 볼 때 책이나 노트를 펼치듯 브레인 스크린을 열어 저장된 기억을 불러올 수 있다. 교과목 공부를 위해 학원에 다닌 적은 없고, 주말에는 한국뇌과학연구원에서 진행하는 뇌교육 연구과정에 참여하느라 공부하는 시간을 많이 내지 못했다. 친구들은 내가 딱히 공부에 열중하는 걸 못 봤는데 전교 1등을 한다고 이상해했다.

중3 때 미국 유학을 결심한 것도 뇌교육의 영향이었다. 세상에 이로운 사람이 되자는 뇌교육의 비전이 오래전부터 마음에 있었기 때문에 글로벌 리더가 되겠다는 목표를 갖고 미국의 사립고등학교에 진학했다. 유학해서 부딪친 가장 큰 난관은 역시 언어였다. 중학교 때 영어는 항상 100점이었지만 미국에 가 보니 아무도 한국에서 배운 대로 말하지 않았다. 나는 수업을 모두 녹음해서 방과 후에 다시 들으면서 공부해야 했다.

이때도 뇌교육 하면서 익힌 공부 습관, 체력관리 습관, 시간관리 습관이 많은 도움이 되었다. 매일 정해놓은 분량을 다 마칠 때까지 잠을 자지 않았고, 졸릴 때는 팔굽혀펴기를 하며 졸음을 쫓았다. 집중이 잘 되지 않을 때는 명상을 했다. 명상을 하면 머리가 맑아져서 다시 마음을 다잡을 수 있었다. 그렇게 공부하면서도 오후 3시에 수업이 끝나면 친구들과 농구나 야구를 즐기며 교류하는 시간을 잊지 않았다.

미국의 고교 과정은 우리나라와 다른 점이 많았다. 세인트 존스버리 고등학교에 입학할 당시 수학 레벨 테스트에서 가장 높은 점수를 받아 1학년 때 3학년 수업 과정을 들었다. 그런데 첫 수학 시험에서 정답을 쓰고도 풀이하는 과정을 적지 않아 50점을 받았다. 답을 맞히면 되는 주입식 교육과 과정을 중시하는 창의성 중심 교육의 차이를 여실히 느꼈다.

미 전역에서 참가하는 유명한 수학 경시대회 ARML(American Regions Mathematics League)에 주 대표로 나간 적이 있는데, 각 주마다 10명이 팀을 이뤄 함께 문제를 푸는 방식으로 대결을 펼쳤다. 혼자 30분 걸릴 문제를 각자 나눠 풀어서 5분 안에 답을 내야 한다든지, 첫 번째 사람이 푼 답이 두 번째 사람이 풀 문제의 일부가 되는 릴레이 방식이 매우 흥미로웠다. 다 함께 잘해야 완수할 수 있고, 협력하지 않으면 누구도 승자가 되지 못했다.

방과 후에 다른 학생의 공부를 돕는 수학 멘토링에도 참여했는데, 이런 활동이 쌓여 졸업식 때 '수학공여상'을 받게 되었다. 이 상은 수학 실력뿐 아니라 외부 대회 수상 경력이나 수학 멘토링 참여 등 학교와 학생들에게 얼마나 기여했는지를 종합평가해서 졸업생에게 수여하는 상이다.

나는 세인트 존스버리 고교를 차석으로 졸업하면서 이 학교 170년 역사에 아시아인으로서는 처음으로 졸업 연설을 하게 됐다. 졸업생 평가에서는 기여도가 무엇보다 중요한데, 내가 방과 후 진행한 뇌교육 명상 프로그램이 학생과 교사 모두에게 긍정적인 반응을 이끌어낸 점이 기여도 면에서 높은 평가를 받았다. 선생님들은 최근 10년 사이에 가장 좋은 프로젝트였다며 나를 '명상맨'이라 불렀다.

고교 졸업 후 UC버클리에 입학해 경제학을 전공으로 택했다. 경제학은 제도 혁신을 통해 세계의 구조를 바꿀 수 있는 학문이라고 생각한다. 지금 세계는 매우 복잡한 문제를 안고 있고, 그것을 풀어가려면 지구시민 의식을 가진 인재가 많이 나와야 한다. 청소년들이 인성영재로 자라는 교육 시스템을 만들어 세계로 확산시키는 일도 해보고 싶다.

뇌교육을 통해 나의 가치를 알고 꿈을 갖게 되었다. 나 개인의 성공이 아닌, 전체의 공영을 위해 공헌하겠다는 꿈이 있기 때문에 혼자 유학생활을 하면서 모든 면에 열정을 쏟을 수 있었다고 생각한다. 앞으로도 내 뇌를 믿고 잘 활용해서 공헌의 꿈을 이루는 행복한 지구시민이기를 희망한다.

• • •

중학교 1학년인 윤혜은 학생 역시 뇌교육의 '브레인 스크린'이 공부에 많은 도움이 되었고, BR뇌교육에서의 여러 경험 덕분에 친구들과도 잘 지내고 있다고 한다.

나는 학교생활을 조용히 하던 아이였다. 누군가 나에게 먼저 말걸기를 기다리기만 할 만큼 내성적이던 나는 엄마의 권유로 뇌교육을 시작했다. 뇌교육을 하면서 처음으로 공부를 열심히 해야겠다는 생각이 들었다. 기억력과 집중력을 높이는 '브레인 스크린'은 공부하는 데 특히 많은 도움이 됐다. 학교 수업 시간에 머릿속에 브레인 스크린을 띄우고 수업 내용을 저장한다고 생각하면서 공부하면 훨씬 집중이 잘 돼 효율적으로 공부할 수 있었다. 날마다 계획을 세우고 하나씩 이룰 때마다 형광펜으로 그으면서 생각했다. '오늘도 열심히 해서 꿈에 한 발짝 더 다가가는구나.'

중학교에 입학했을 때 아는 친구가 한 명도 없는 반에 배정을 받았다. 학교에 잘 적응할 수 있을지 걱정과 두려움이 밀려왔지만 내가 먼저 다가가자고 결심하고 적극적으로 행동했다. 지금은 학급에서 부실장을 맡아 친구들과 잘 지내며 행복한 학교생활을 하고 있다.

내가 용기를 내어 친구들에게 다가갈 수 있었던 것은 뇌교육의 특별한 인사 방식 덕분이다. 뇌교육 수업을 시작할 때는 '나는 나와 민족과 인류를 살리는 지구경영자 윤혜은입니다'라고 큰소리로 인사한다. 이 인사처럼 내가 가치 있는 사람, 남을 도울 수 있는 사람이 되려면 여러 가지 능력을 갖춰야 하고, 그러려면 먼저 적극적으로 행동하는 용기 있는 사람이 되어야겠다고 마음먹었다. 중학교 자유학기제가 시행되면서 팀 프로젝트 수업이 많아졌는데, 이때도 뇌교육에서 캠프를 통해 여러 협업 과제를 해본 경험이 큰 도움이 되었다.

뇌교육은 삶에 보이지 않는 진정한 가치들이 있음을 알게 해 주었고, 언제나 나 스스로를 믿고 당당하게 나설 수 있는 자신감을 키워 주었다. _ 윤혜은

현재 1만여 명의 아동과 청소년, 학부모가 BR뇌교육의 다양한 뇌교육 프로그램에 참여하고 있다. 이 아이들이 미래 인재로 성장하고, 이들 부모가 우리의 교육 시스템을 혁신하는 주체로 적극적인 역할을 해주기를 기대한다.

행복한 학교, 행복한 교사를 위한
공교육 속의 뇌교육

우리나라 공교육에도 뇌교육 프로그램이 다양한 방식으로 접목되고 있다. 한국뇌교육원은 행복한 학교를 실현하기 위해 공교육과 뇌교육의 접목 방안을 찾는 교사와 부모들의 모임이다. 한국뇌교육원의 인성 프로그램은 대표적인 뇌교육 과정으로 1997년 설립 이래 지금까지 수많은 학교에서 시행해왔다. 2008년 서울시 교육청에서 공모한 '좋은 학교 만들기' 지원사업에 한국뇌교육원이 선정되어 초·중·고 34개 학교의 50개 학급, 총 1천5백 명을 대상으로 뇌교육 인성 프로그램의 효과를 연구한 사례는 이후 공교육에서 뇌교육을 적극적으로 도입하는 계기가 되었다. 이 연구의 평가 항목은 긍정감, 자신감, 감정 조절, 인간관계, 삶의 태도였고, 뇌교육 인성 프로그램 실시 후 초·중·고 학생 모두 전 영역에서 뚜렷하게 향상된 결과가 나왔다. 연구 결과에서 보듯 뇌교육 인성 프로그램은 학생들이 자신을 사랑하고 긍정적인 자아 정체성을 갖게 만든다. 자포자기하지 않고 어려움을 극복하며 도전할 의지를 키워주는 것이다. 자신의 몸과 감정을 다루는 방법, 관계의 유대감을 경험하면서 전체 속에서 조화를 이루는 감각도 알게 된다.

교직생활 23년째인 김진희 교사는 16년 전 뇌교육을 처음 접한 이후 자신의 교실에서 학생들에게 뇌교육 프로그램을 지도하고 있다. 김 교사가 뇌교육에 관심을 갖고 체험하게 된 동기는 자기 자신을 찾고 싶어서였다고 한다.

> 교사로서의 자신감을 잃고 삶의 목표마저 흐릿해진 자신을 보며 이런 상태로 교단에 서는 것은 옳지 않다고 느꼈다. 나 스스로 뇌교육을 체험하고 한국뇌교육원 교사 모임에 참여해 숱한 연수를 거치면서 고민한 결과 모든 답은 내 안에 있다는 것을 깨달았다. 자신감이 살아났고, 아이들이 이러한 체험을 할 수 있어야 한다는 생각으로 우리 반부터 뇌교육을 도입했다. 뇌교육 인성 프로그램의 핵심은 한마디로 아이들의 자존감을 키워주는 것이다. 우리 아이들이 자기 자신을 사랑하고 창조성을 키울 수 있도록 교사로서 도움을 주고 싶다. _김진희 교사

교사는 우리의 교육 현실을 가장 깊이 고민하고, 문제를 개선하기 위해 가장 많이 노력하는 사람이다. 그럼에도 교사에게 따르는 무한한 책무에 눌려 스스로 책망하다보면 무력감에 빠지기 쉽다. 교사가 먼저 행복해야 한다는 모토로 뇌교육을 지도하는 교사들이 만든 '행복한 교사모임'에서는 동료 교사들의 기운을 북돋기 위한 뇌교육 프로그램을 마련했다. 이 프로그램은 교육과학기술부와 대전광역시교육청이 주최한 '제1회 학교폭력 예방 및 근절 우수사례·정책제안 공모전'에서 교원 정책제안 부문 금상을 수상했다. '행복

한 교사모임'에서 제안한 내용은 '교사힐링캠프'와 '행복한 생활지도 정책제안' 두 가지다.

'교사힐링캠프'는 지친 몸과 마음을 재충전하고, 교육에 대한 꿈과 열정을 되찾는 연수 프로그램이다. 학교폭력 문제를 비롯해 어떤 교육정책이 교육 현장에서 효과를 거두려면 교사의 자발적 의지가 중요하다. 교사힐링캠프는 이를 위해 교사들이 교육에 대한 희망을 다시 품을 수 있도록 하는 데 초점을 맞췄다. 캠프에 참가한 교사들은 '학생지도와 각종 업무로 심신이 지쳐 있었는데 캠프하는 동안 활력을 얻었다', '명퇴를 생각하고 있었는데 앞으로는 학생들만 보면서 다시 힘을 내보겠다', '내가 누구인지, 학생들이 무엇을 원하는지 성찰하는 계기가 됐다' 등의 소감을 밝혔다.

'행복한 생활지도 정책제안'은 공모전에 참여한 교사들이 실제로 학교 현장에서 성과를 거둔 사례를 바탕으로 학생 생활지도 방식을 징벌에서 인성교육으로 전환하는 방안들을 담았다.

학교폭력 예방 및 근절 우수사례로 뽑힌 충북 형석고등학교는 2013년 당시 3년째 뇌교육 프로그램을 시행하여 교내 폭력 사고가 눈에 띄게 줄어들었다. 전교생이 매일 아침 8시에 뇌체조와 명상으로 하루를 시작하고, '러브 핸즈love hands(친구의 어깨와 등 두드려 주기)' 같은 교감 활동을 통해 사람에 대한 신뢰와 존중을 익힘으로서 폭력적인 행동을 줄일 수 있었다.

국제뇌교육종합대학원대학교 인성교육연구원과 한국뇌교육원

이 함께 추진하는 '뇌활용 행복학교'도 교육 현장을 바꾸기 위해 고심하는 학교장들이 많은 관심을 갖는 프로그램이다. 뇌활용 행복학교는 교사와 학생, 학부모 모두 교육의 주체로서 인성 기반의 뇌활용 교육을 통해 행복한 학교 만들기를 목표로 한다.

2017년에 열린 '뇌활용 행복학교 경영을 위한 학교장 역량 강화 연수'에는 각급 학교의 학교장 260여 명이 참석해 뇌교육 연구 성과와 프로그램, 뇌활용 행복학교 사례 등에 귀를 기울였다. 사례로 발표된 경북 문경초등학교는 교육부에서 선정하는 '전국 100대 교육과정 우수학교'의 초등 부문(전국에서 총 40개 학교 선정) 우수학교로 뽑혔다. 문경초등학교는 뇌체조와 명상 등 여러 뇌교육 프로그램이 교과 과정 안에서 체계적으로 이뤄지도록 하는 데 역점을 두었고, 뇌활용 행복학교 운영을 통해 학생들이 자신을 표현하는 힘이 생기고, 교육 공동체로서의 소통이 원활해지며, 학교 폭력이 현저히 줄어드는 효과를 거뒀다고 자체 평가했다.

충북 형석고등학교에 이어 형석중학교도 뇌활용 행복학교로서 매우 적극적으로 뇌교육 프로그램을 운영하고 있다. 남학교인 형석중학교는 등교 시간에 교문 앞 풍경이 남다르다고 한다. 매주 금요일 아침이면 선생님들이 등교하는 아이들을 마중 나와 악수를 하거나 하이파이브를 한다. 전교생 조회 때는 서로 어깨를 토닥토닥 두드리며 "건강해" "고마워" "사랑해"라고 인사를 나누는데, 학생들은 좀 어색해 하거나 쑥스러워 하면서도 활짝 웃는다. 다툰 친구와 뇌체조 시간에 서로 어깨 두드려 주기를 하다가 화해하기도 한단다. 뇌활용 행복학교를 적극적으로 추진한 이윤성 교사는 특히 뇌력과 심력의 토대가 되는 체력 강화 프로그램을 꾸준히 운영하여 전국학교스포츠클럽대회 본선에 매년 연속 진출하고, 국제국학기공대회 청소년부 수상도 2년 연속 이뤄냈다.

문경초등학교와 형석중학교에 이어 뇌활용 행복학교로 벤자민 인성영재학교 사례가 소개된 것은 물론이다.

미국 26개 도시가 지정한 '뇌교육의 날'

1995년 미국에 도착해서 가방을 잃은 후 시작된 개척의 여정은 예상대로 매우 험난했다. 힘든 건 당연했고, 뭔가 작은 일이라도 진척이 될 때는 기적 같은 행운이라 여기며 감사했다. 한국의 심신수련법인 단학을 미국에 알리던 중 뇌과학을 만난 것도 큰 행운이었다.

당시 미국은 뇌에 관한 연구가 한국보다 몇 십 년 앞서 있었고, 인간에 대한 이해를 뇌의 차원에서는 어떻게 접근하는지 보여 주는 연구 성과들이 잇따라 나오고 있었다. 또한 뇌과학은 인간의 몸과 마음이 서로 분리되지 않는 하나의 신경 네트워크를 이루고 서로 긴밀히 반응한다는 사실을 밝혀냈다. 이는 몸을 통해 의식을 깨우는 수련의 원리를 설명하는 과학적 근거가 되어 주었다.

뇌과학에 기반한 우리의 연구는 '뇌호흡'을 거쳐 뇌교육으로 나아갔다. 뇌교육의 뿌리는 한국에 있으나, 미국이라는 환경을 만남으로써 이후에 뇌교육이 줄기를 튼실하게 뻗으며 성장할 수 있었다. 예기치 않게 가방을 잃으면서 시작된 나의 개척은 예기치 않게 뇌과학을 만나면서 본격적인 궤도에 오를 채비를 갖췄다.

뇌교육은 현재 미국에서 '파워 브레인 에듀케이션Power Brain Education' 과정으로 보급되고 있다. 지금까지 미국 전 지역에서 350여 개 학교, 1만여 명의 교사, 5만여 명의 학생이 뇌교육 과정에 참여했다. 뇌교육이 이렇게 미국의 공교육에 들어갈 수 있었던 것은 뇌교육의 효과가 교육 현장에서 충분히 입증되었기 때문이다. 뇌교육을 지도하는 브레인 트레이너 과정에 참여한 한 교사는 이렇게 말한다. "뇌교육은 나 자신을 치유함으로써 다른 사람을 도울 수 있는 사람으로 성장하게 한다. 아이들이 감정을 조절하고 몸을 건강하게 하고 공감할 줄 아는 사람으로 성장하도록 돕는 방법, 뇌의 무한한 가능성을 깨우는 방법들을 배우고 있다. 또 공동체 문화를 이루기 위해 아이들과 함께 실천할 수 있는 것들에 대해서도 알아가고 있다. 뇌교육을 통해 학생과 교사 모두에게 큰 변화가 일어날 수 있다고 확신한다."

뉴욕시 교육감은 2016년에 뉴욕시의 1천8백여 개 학교에 뇌교육 도입을 후원하기로 했고, 다른 주요 도시에서도 초·중·고교 공교육 과정에 뇌교육을 도입하고 있다.

미국 뉴멕시코 주정부에서는 파워 브레인 에듀케이션과 지구시민연합(Earth Citizens Organization, ECO) 공동으로 2017년부터 '뉴멕시코 뇌교육 프로젝트'를 시작했다. 프로젝트 이전에 뇌교육을 도입한 뉴멕시코주 산타페이시의 매니팜 하이스쿨은 뇌교육 이후 학생들의 출석률이 높아지고, 정학과 퇴학의 빈도가 줄고, 범죄율이 낮아졌다고 보고했다. 이 같은 성과에 주목한 산타페이시 시장은 산타페이시를 '뇌교육의 도시(City of Brain Education)'로 지정했다.

산타페이시 매니팜 하이스쿨 사례를 토대로 뉴멕시코주 상원의원은 뉴멕시코주 학교에 뇌교육을 도입하기 위한 법안을 제안했고, 하원의회는 2월 27일을 '뇌교육의 날'로 제정, 선포했다. 또 공교육에 뇌교육을 적용할 수 있는 법안을 상정하여 출석 의원 만장일치로 가결했다. 미국 주정부가 뇌교육의 날을 제정한 것은 뉴멕시코주가 처음이다. 이밖에 워싱턴 D.C, 뉴욕, LA 등 미국의 26개 도시에서 뇌교육의 날을 지정했다.

한 도시에서 뇌교육의 날을 지정할 때마다 나는 미국 지도를 떠올리고 지도에 표시된 그 도시에 뇌교육의 깃발을 꽂는 상상을 했다. 미국 서부 개척기에 말을 타고 한나절을 달려 깃발을 꽂으면 그 일대의 땅을 차지할 수 있었다고 하는데, 나는 뇌교육의 영토를 그렇게 머릿속에 표시해 두고 있었다.

'뇌교육의 날' 지정이 여러 도시에서 릴레이처럼 이어지던 중에 미국 국립공원청(National Park Service)으로부터 내게 '개척자상

(Pioneer Award)'을 수여한다는 연락이 왔다. 개척자상은 'Healthy Park, Healthy People(건강한 공원, 건강한 사람들)'이라는 국립공원청의 슬로건에 따라 이에 기여한 사람이나 단체에게 주는 상이라고 했다. 국제뇌교육협회의 활동이 사람들의 신체 건강, 정신 건강, 영적 건강을 높인 공로를 인정하여 협회 회장인 내게 상을 수여한 것이다. 나는 무엇보다 상의 이름이 마음에 들었다. 개척자의 마음으로 미국에 도착해 공항에서 '도네이션'을 한 지 22년이 되는 2017년도의 일이다.

엘살바도르의 '구원자'가 된 뇌교육

미국뿐 아니라 캐나다와 중남미, 일본, 중국, 유럽 등지에서도 각국의 상황에 맞춰 뇌교육 프로그램이 보급되고 있다. 특히 십여 년에 걸쳐 내전을 치른 엘살바도르는 뇌교육을 전국의 학교로 확대 보급하면서 교육 전반에 새로운 변화를 맞고 있다.

중앙아메리카에 위치한 엘살바도르가 뇌교육 프로젝트를 시작한 것은 2011년이다. 엘살바도르 유엔 대표부가 국제뇌교육협회(아이브레아 파운데이션 IBREA Foundation, 이하 IBREA)에 '폭력 예방과 정서 함양을 위한 뇌교육 프로젝트'를 시행해줄 것을 요청했다. 2011년 초, IBREA가 뉴욕시 '뇌교육의 날' 지정 2주년을 기념해 유엔 본부

엘살바도르의 뇌교육 시범 프로젝트 학교로 지정된 '디스트리토 이탈리아 학교'의
뇌교육 수업

에서 개최한 뇌교육 세미나가 요청의 계기가 되었다. 이 자리에서
미국 공립학교, 병원, 양로원, 관공서 등 120여 곳에 뇌교육이 보급
되면서 나타난 변화와 학습장애아, 자폐아에게 적용된 뇌교육 사례
가 발표됐는데 당시 세미나에 참석한 엘살바도르 유엔 대사가 이에
큰 관심을 가졌다. 유엔 대사는 곧바로 IBREA와 교육 지원에 관한
공식 미팅을 추진했고, 이후 엘살바도르 외교부와 교육부 이름으로
교육지원을 공식 요청해왔다.

　뇌교육 프로젝트는 그해 6월부터 8월까지 3개월간 디스트리토
이탈리아Distrito Italia 학교 학생 39명과 교사 24명을 대상으로 실시했
다. 학교가 위치한 곳은 산살바도르 시의 외곽으로 폭력이 일상화

된 지역이었다. 엘살바도르는 오랜 내전의 상처로 사회 전반에 폭력 문제가 심각했고, 디스트리토 이탈리아 학교는 교내 폭력의 위험 수위가 특히 높은 학교였다. 협회에서 파견한 한국인 강사들도 위협적인 분위기에 두려움을 느낄 정도였고, 최대한 자극 요인이 발생하지 않도록 주의를 기울여야 했다.

뇌교육 수업은 이런 환경 속에서 3개월간 매주 나흘씩 진행됐다. 수업에 참여하는 학생들 중에는 약물과 알코올 관련 범죄 이력이 있거나, 부모가 교도소에 수감돼 있거나, 갱단에게 괴롭힘을 당하는 등 폭력적인 상황에 노출돼 있는 경우가 많았다. 학생들은 프로그램 초기에 매우 소극적이고 비협조적인 태도를 보였다. 그러나 뇌교육 강사들의 인내와 관용, 세심하게 구성된 뇌교육 프로그램의 힘으로 조금씩 변화해 갔다. 결석률이 감소하고, 남성이 여성을 억압하는 차별 행태가 개선되고, 자신감 향상과 정서적 안정감이 뚜렷하게 나타났다. 이 같은 태도의 변화는 일상의 변화로 이어졌다. 뇌교육 수업에 참여했던 한 학생이 졸업 후 친구들의 소식을 알려주었을 때 우리는 이를 확인할 수 있었다. "그 당시 갱단이 운영하는 업체 일을 해주는 친구들이 있었는데, 뇌교육 수업을 받은 이후 그런 일에서 손을 떼고 더 건강하고 생산적인 일을 찾고자 했다. 졸업한 뒤에도 이전의 어두운 길로 되돌아간 친구는 없었다."

자신의 현실에 절망하여 학교를 그만두려고 했던 8학년 학생 라우라 칼데론 톨레도Laura Calderon Toledo는 뇌교육 수업에 참여하면서 매우 큰 변화를 경험했다. 열여섯 살인 라우라는 아이를 낳아 기르고 있는 미혼모였다. 의붓아버지의 폭행으로 임신을 했고, 출산 직후 의붓아버지는 갱단에 살해됐다. 라우라는 매우 무기력하고 반항적이었으며, 집에 가면 아이를 돌봐야 해서 공부도 숙제도 할 수 없다고 했다. 라우라의 어머니는 딸을 상담센터와 병원에 데리고 갔지만 필요한 도움을 받지는 못했다. 라우라가 달라진 것은 뇌교육 수업을 받으면서부터였다. 우선 공부에 흥미를 보였다. 수학과 영어, 자연과학은 라우라가 가장 좋아하는 과목이 되었다. 미혼모라는 자책감과 불행감에서 벗어나 자신도 꿈을 가질 수 있다는 희망을 키운 라우라는 졸업 후 대학에 진학했다.

다른 사람들이 뒤에서 내 흉을 볼 것이라고 생각했기 때문에 누구와도 어울리지 못했다. 나는 매우 닫혀 있었다. 뇌교육 프로그램의 호흡과 명상을 통해 관용을 알게 되면서 조금씩 마음을 열고 다른 사람에 대한 믿음을 갖게 되었다. 명상할 때 선생님이 우리에게 눈을 감고 상상의 캔버스에 우리가 원하는 것을 마음껏 표현해 보라고 했다. 처음에는 집중하기 어려웠지만 뇌교육 프로그램이 끝나갈 무렵 나는 그 캔버스에 나 자신을 투사했고, 내 아들과 가족의 더 나은 삶을 위해 공부를 계속하기로 결정했다.

내가 사는 지역은 엘살바도르에서 가장 가난하고 폭력적인 곳이다. 그러나 이웃에게 도움이 필요할 때 우리는 기꺼이 도와주고, 우리도 필요한 때에 이웃에 도움을 청한다. 그런데 9학년을 마칠 즈음 어머니마저 갱단에 희생되면서 이웃을 믿지 못하고 의심하는 마음이 생겼다. 어머니의 죽음 이후 나는 낙담하여 모든 걸 포기하려고 했다. 알코올이나 마약 중독자가 돼도 상관없을 것 같았다. 그때 뇌교육 선생님이 내게 다시 마음의 중심을 잡고 일어설 수 있도록 가까이에서 정말 많은 도움을 주었다. 덕분에 상황을 보는 새로운 관점도 배울 수 있었다.

뇌교육 프로그램은 우리에게 자기 자신을 관리하고 서로 협력하는 방법을 알려 주었다. 그뿐 아니라 자신감 있게 장애물을 넘어 꿈을 향해 계속 나아갈 수 있도록 우리를 이끌어준다는 것을 깨달았다.

지금까지의 경험을 바탕으로 사람들과 가장 나누고 싶은 것은 내 앞에 놓인 문제가 어려워 보일 수 있으나 반드시 해결책이 있다는 것이다. 세상이 무너지고 있다고 생각될 때조차도 원한다면 해결책을 찾을 수 있다. 필요한 것은 이에 대한 믿음이다.

최근에 나는 6년간의 뇌교육 과정을 거쳐 IBREA 강사가 되었다. 원하는 미래를 만들 수 있는 능력이 내 안에 있음을 깨닫는 데서부터 변화는 시작된다. 사람들이 그러한 깨달음을 통해 희망을 갖도록 도울 수 있게 되어 무척 기쁘다. **_라우라 칼데론 톨레도**

학생들에게 변화가 나타날 즈음, 뇌교육 과정은 지역 공동체 프로

디스트리토 이탈리아 학교의 뇌교육 과정 중 지역 공동체 프로젝트로 진행된 '평화의 수영장'. 지역 주민은 물론 한국과 미국의 뇌교육협회 회원들도 모금에 동참해 5개월 만에 완공했다.

젝트 단계로 나아갔다. 학생과 교사들은 공동체 프로젝트로 학교에 수영장을 만들기로 하고 '평화의 수영장 건립 기금 모금'을 시작했다. 여건만 보면 불가능한 프로젝트였으나 곧 많은 이들이 모금에 동참했다. 교사와 학부모는 물론 산살바도르시 시장과 지역사회 인사들, 심지어 지역의 갱단까지 수영장 건립에 힘을 보탰다. 한국과 미국의 IBREA도 자국에서 모금 활동을 벌였다.

평화의 수영장은 기금 모금을 시작한 지 5개월 뒤인 2012년 10월 17일 완공되었다. 수영장 옆에 세워진 자그마한 건립비에는 수영장이 만들어지기까지의 이야기와 학생들에게 전하는 나의 축원이 새겨졌다.

> 여러분 내면의 위대한 가치를 발견하고 그것을 인생에서
> 펼치십시오. 오직 그렇게 할 때 여러분은 내면의 평화와
> 함께 지역, 국가 그리고 세계의 평화를 창조할 수 있습니
> 다. 디스트리토 이탈리아에서 여러분이 이룬 세계 평화를
> 위한 선구적 업적을 항상 자랑스럽게 여기기 바랍니다.
>
> _ **일지 리** Ilchi Lee

완공식에는 엘살바도르 교육부 장관이 참석하여 축사를 하고, 뇌교
육 프로젝트에 대한 감사패를 내게 전해 왔다. 평화의 수영장 건립
은 뇌교육이 학교를 넘어 지역사회에 어떻게 영향을 미칠 수 있는
지를 보여주는 사례가 되었다.

　디스트리토 이탈리아 학교에서 진행한 뇌교육 프로그램의 성과
는 곧 엘살바도르 교육부에 보고되었고, 2011년에 교육부 장관이던
살바도르 산체스 세렌 Salvador Sánchez Ceren 현 엘살바도르 대통령이 디
스트리토 이탈리아 학교를 방문했다. 살바도르 산체스 세렌 당시
장관은 학교에서 학생과 교사들이 뇌교육 프로그램을 통해 보여준
열정과 헌신에 큰 감동을 받았다. 그는 부모가 교도소에 있거나 살
해된 아이들 또는 마약 밀매자였던 아이들이 자신에게 집중해 뇌체
조를 하고 명상을 하는 모습, 밝은 얼굴로 웃으며 서로 협력하는 모

습을 보았다. 이 방문을 계기로 엘살바도르 교육부는 산살바도르주 교육청과 뇌교육 확대 방안을 협의했다. 산살바도르주 교육청장은 디스트리토 이탈리아 학교와 비슷한 상황에 처해 있는 3개 학교를 추가해서 뇌교육 시범 프로젝트를 확대 실시하는 방안을 제시했다.

이를 지원하기 위해 우리나라에서는 글로벌사이버대학교가 수행 기관으로서 교육과학기술부에 공적 개발을 위한 교육 지원을 신청했다. '엘살바도르 학생들의 정서 조절 및 자존감 향상을 위한 공교육 지원 - 뇌교육 컨설팅 및 전문교원 양성' 사업을 검토한 교육과학기술부는 엘살바도르의 4개 학교에 교육 지원을 결정했다. 이는 뇌교육 프로그램이 우리나라 정부의 공적개발원조를 통해 외국에 보급된 첫 사례이다.

이렇게 하여 2012년 디스트리토 이탈리아 학교를 포함한 4개 학교에서 2차 뇌교육 시범 프로젝트가 시작됐다. 4개 학교의 상황은 매우 심각했다. 학교가 갱단의 마약과 무기 은신처로 사용되고 있었고, 교내에서 폭력 범죄로 학생과 교사, 교장까지 희생되는 사건이 빈번히 발생했다. 4개 학교 가운데 하나인 호아킨 로데스노Joaquin Rodezno 학교는 교도소 문과 다를 바 없는 철제 출입문을 경찰이 지키며 가방을 수색한 후 학생들을 들여보냈다. 이 학교의 글로리아 뮐러Gloria Muller 교장은 1년 뒤 IBREA가 서울에서 개최한 '2013 청소년 멘탈헬스 심포지엄 - 뇌, 행복교육을 말하다'에 참석해 '엘살바도르 호아킨 로데스노 학교의 뇌교육 효과'를 발표하면서 엘살바도르

방송에 보도된 뉴스 영상을 소개했다. 보도 내용은 충격적이었다. 마리화나, 코카인 등 마약에 중독된 학생, 갱단에 가입해 활동하는 학생, 마약을 팔다 경찰에 잡혀가는 학생들이 카메라에 잡혔고, 학생들이 교사를 감금하고 폭행하는 일도 서슴지 않았다. 학생들이 학교에 오는 이유는 마약을 구하기 위해서였다.

글로리아 밀러 교장은 호아킨 로데스노 학교로 발령받아 출근하는 첫날 경호원을 지원받았다. 그러나 부임한 지 16일째 되던 날, 갱단 조직원인 학생들이 들이닥쳐 밀러 교장을 감금하고 죽이겠다 협박하며 폭행을 가하는 사건이 터졌다. 전임 교장은 갱단 학생들에게 피살되었다. 이 학교로 발령받았다는 사실을 자신의 어머니에게 말하지 못했다는 밀러 교장은 학생들의 폭행 사건 이후에도 학교를 포기하지 않고, 갱단의 직접적인 영향을 끊어내는 데 주력했다.

IBREA 뇌교육팀이 호아킨 로데스노 학교에 도착했을 때, 미음자 형태의 학교는 안전을 위해 교실마다 철창이 둘러쳐져 있고, 각 층에는 총기로 무장한 경찰이 두세 명씩 배치되어 있었다. 학교 벽에는 학생들이 갱단의 영역을 표시해놓은 낙서가 가득했다. 뇌교육팀은 그런 환경에서 뇌교육 수업에 집중했다. 주 2~3회씩 8주간 프로그램을 실시하고, 학교에서 가장 문제 학급으로 꼽히는 반의 학생들을 지도했다. 매일 정규 수업을 시작하기 전에 뇌체조, 호흡, 명상, 비전 정하기 등의 뇌교육 프로그램을 45분간 실시했다.

3개월 뒤, 뇌교육 프로젝트를 시행한 4개 학교 모두 기대 이상의

폭력이 일상이던 디스트리토 이탈리아 학교가 뇌교육 프로젝트 이후 평화를 되찾았다.
졸업식날, 밝은 표정으로 축하 댄스 공연을 하는 학생과 교사들

성과를 보였다. 호아킨 로데스노 학교에서는 거의 기적과 다름없는 변화가 일어났다. 우선 학교 폭력이 눈에 띄게 줄고, 마약 중독인 학생이 중독에서 벗어난 사례도 나타났다. 고학년 학생들이 점령하던 교내 공동구역을 저학년 학생들도 함께 나눠 쓰도록 배려하고, 경찰과 대치하던 학생들이 경찰과 함께 교통안전 캠페인을 벌이기도 했다.

밀러 교장은 프로젝트를 시작한 지 두 달쯤 지날 무렵 학교 분위기가 달라진 것을 느꼈다고 했다. "학교에 폭력이 빈발하는 상황에서 뇌교육은 우리에게 유일한 희망이었다. 뇌교육 강사들도 위협을 느끼고 두려웠을 텐데, 혹시 내일 한국으로 돌아간다고 하면 어떡

하나 걱정스러운 마음으로 이들을 지켜보곤 했다. 그러나 강사들은 언제나 최선을 다해 수업에 집중했고, 덕분에 우울하고 어둡던 학교가 조금씩 밝아지는 것이 보였다. 학업 성적도 전체적으로 올랐다. 수학능력평가에서 10점 만점에 3점대로 꼴찌였던 학교가 뇌교육 수업 후 9점을 넘어 전국 학교 중 1등을 했다. 그때 뇌교육을 전국으로 확대해야 한다고 생각했다."

4개 학교 교장은 엘살바도르 교육부에 이 같은 변화를 보고하고 모든 학교에 뇌교육을 도입할 것을 강력하게 요청했다. 이에 교육부는 2013년에 ISBM(엘살바도르 교육부 산하 교사 복지단체)과 IBREA 간 양해각서(MOU)를 체결하고 뇌교육을 엘살바도르의 전국 학교에 확대 보급하기로 결정했다. 이어 177개 학교 교장단 연수를 시작으로 뇌교육 전문 교원을 양성하고, 전국 1천8백여 개 학교에 뇌교육을 보급한다는 계획이 수립되었다.

뇌교육 전문 교원 양성은 지속적으로 뇌교육을 보급하기 위한 핵심 정책이다. 공적개발원조가 끝나고 원조 단체가 해당 국가를 떠나더라도 사업이 지속될 수 있게 하는 것이 공적개발원조에서 가장 중요한 부분이기 때문이다. IBREA가 교장과 교사, 학교 보건의, 건강관리사, 교육부 관계자 등을 뇌교육 전문 교원으로 양성하면 이들이 다른 학교의 교원과 학생들을 지도하는 방식으로 각급 학교에 뇌교육이 보급된다. 뇌교육 전문 교원 양성 과정을 이수한 이들은 자기 자신이 건강과 의식면에서 변화하는 체험을 했고, 이를 다른

뇌교육 전문 교원 양성 과정에 참여한 엘살바도르 공교육 교사들

사람과 나누고 싶다는 자연스러운 열정이 솟아났다고 말한다.

뇌교육 과정은 매우 멋진 경험이었다. 과정을 시작했을 때 우울증을 앓고 있어서 무척 신경질적이고 불안한 상태였다. 그러나 차츰 내 몸에서 더 많은 에너지를 느꼈고, 삶의 문제가 가볍게 느껴지기 시작했다. 불안감도 줄고, 이완 운동을 하면서 수면도 개선되었다. 내 개인적인 삶에 도움을 받은 만큼 동료들에게도 뇌교육 과정을 전달하고 있다. _ **마리아 이멜다 야네스**María Imelda Yanes 교사

의식을 확장하는 기회였다. 어려운 상황에 대처하는 방식을 개선

할 수 있었고, 사람들과의 관계에서 이전보다 훨씬 더 안전하다고 느꼈다. 이는 내가 학교에서 동료들을 대하는 태도에도 긍정적인 변화를 일으켰다. _ 엘리야스 펠리페 에르난데스 알라스Elías Felipe Hernández Alas 교장

정신적, 육체적, 감정적으로 더 젊어진 느낌이다. 인생을 다른 관점에서 볼 수 있게 되었고, 내 동료들과 학생들을 도울 수 있는 큰 기회가 되었다. _ 다비드 베네딕토 나비다드 엔리케스David Benedicto Navidad Henríquez 주 교육청 기술 보조원

뇌교육을 통해 교장으로서 교사와 학생들에 대한 더 나은 비전을 갖게 되었다. 그들도 뇌교육을 체험하면 나와 같은 느낌을 갖게 될 것이다. 그들이 더 건강하고 행복하게 살 수 있도록 돕는 것이 나의 목표다. _ 노르마 엘리사베스 비야누에바 데 고메스Norma Elizabeth Villanueva de Gómez 교장

뇌교육 프로젝트를 시행한 지 6년째인 2016년에 뇌교육 이수자는 2천여 명에 이르렀다. 엘살바도르 교육부는 2020년까지 엘살바도르의 모든 학교에 뇌교육을 보급하기로 IBREA와 합의했다. 엘살바도르의 전체 학교는 6천33개이다.

교도소와 다름없던 호아킨 로데스노 학교의 글로리아 뮐러 교장

은 이렇게 말한다. "우울했던 학생들이 긍정적으로 바뀌고, 미처 알지 못했던 자신의 가능성을 뇌교육을 통해 발견했다. 그리고 자신의 꿈을 이루기 위해 움직이기 시작했다. 우리 학교의 사례를 알려서 더 많은 학교의 학생들이 뇌교육을 체험하도록 하는 것이 교육자로서의 내 의무라고 생각한다. 뇌교육의 나라 한국에 정말 감사한다. 뇌교육은 우리의 엘살바도르이다." 스페인어로 엘살바도르는 '구원자'라는 뜻이다.

2018년 9월, 엘살바도르 정부로부터 '호세 시메온 까냐스 José Simeón Cañas'라는 특별한 상을 받았다. 이 상은 사회, 교육, 과학 분야에서 박애주의를 실천하고 인간의 존엄성을 지키는 위대한 행동을 기리기 위해 엘살바도르 정부가 수여하는 최고 영예의 상이라고 했다. 이 상을 외국인인 내가 받게 된 것은 뇌교육 프로그램에 참여한 교육자 분들이 정부에 시상을 건의하기 위해 500여 명에 이르는 서명을 일일이 받으면서 열의를 모은 덕분이다.

뇌교육 전문 교원 과정을 거쳐 현장에서 학생들을 지도하고 있는 이 분들을 만나기 위해 나는 엘살바도르로 향했다. 한국에서 엘살바도르까지 가는 길은 매우 멀었다. 대양을 건너 이 먼 땅에 한국의 뇌교육이 들어와 이렇게 많은 인연을 만들어 내다니, 하늘의 섭리와 많은 사람들의 정성에 깊이 머리를 숙였다.

엘살바도르의 수도인 산살바도르에 도착해 살바도르 산체스 세

엘살바도르의 살바도르 산체스 세렌 대통령(왼쪽). 뇌교육이 엘살바도르의 교육을 바꾸고 평화문화를 조성한 것에 대해 국가 최고상을 수여하며 감사를 표했다.

렌 대통령을 만나는 자리에는 외교부 장관과 교육부 장관이 동석했다. 살바도르 산체스 세렌 대통령은 7년 전 디스트리토 이탈리아 학교의 뇌교육 시범 프로젝트가 매우 긍정적인 성과를 거두자 당시 교육부 장관으로서 학교에 방문해 뇌교육을 4개 학교로 확대 보급하도록 결정한 바 있다. 이후 대통령에 당선되고 이런 만남으로 이어지니 더더욱 감회가 컸다. 우리는 서로 감사하며 한마음으로 엘살바도르의 밝은 미래를 기원했다.

평화의 수영장이 건립된 디스트리토 이탈리아 학교에도 꼭 가보고 싶어서 일행과 함께 방문 일정을 잡았다. 수영장에 가득한 물이 햇빛에 반짝여 더욱 밝게 느껴지는 교정에서 많은 학생들이 반갑게 맞아주었다. 내게 예쁜 꽃다발을 내민 꼬마 아이는 이 학교를 졸업하고 IBREA 소속 강사가 된 라우라의 일곱 살 된 아들이라고 했다. 7년 전, 갓난아기를 안고 고통에 찬 표정을 짓던 소녀는 이제 당당한 모습의 엄마가 되었고, 아이는 엄마가 다닌 학교에 입학했다. 학생들이 준비한 애국가와 아리랑 연주가 끝나자 평화의 수영장 주변에 모여 있던 학생들이 물에 첨벙 뛰어들어 시원하게 물살을 갈랐다. 수영장에 가득한 물도, 아이들의 눈망울도, 이를 바라보는 사람들의 얼굴도 햇살을 받아 온통 반짝였다.

한 아이를 키우려면 온 마을이 필요하듯

뇌에 관심을 갖고 뇌 활용법을 만든 것은 더 능력 있는 사람이 되기 위한 것이 아니다. 뇌교육의 목표는 분명하다. 한 인간으로서의 가치를 완전히 실현하기 위해 뇌를 잘 활용하는 것이다. 완전하다는 것은 개인과 전체가 분리되지 않고 하나로 연결됨을 의미한다. 나를 위한 일이 전체를 살리고, 전체를 위한 선택이 나를 살리는 에너지의 선순환 상태를 일컫는다.

뇌교육의 실체는 우리나라 선도의 전통으로 이어오는 '인간 완성'의 철학이고, 고대 천부경天符經에 담긴 '인중천지일人中天地一'의 깨달음을 현대의 언어로 번안한 것이다. 그래서 뇌교육을 그 자체로 수련법이나 프로그램, 또는 학문으로만 규정하기가 어렵다. 다만 모두에게 익숙한 개념으로 전달하기 위해 방법론이 필요한 때는 수련법이나 프로그램의 옷을 입고, 원론이 필요한 때는 학문의 체계와 방식을 갖춘다.

뇌교육은 인간이 만들어낸 것들을 완전한 상태로 이끄는 역할을 한다. 국가, 종교, 기업, 가정, 학문은 모두 인간이 창조한 피조물들이다. 이들은 다투고 갈등하고 배척하고 구속하고 지배하는 불완전성을 본래의 현실이라 믿으며 변화보다 안주를 택하는 속성이 있다. 인간은 불완전하고, 인간이 만든 모든 것은 불완전하지만, 인간의 본질은 완전성을 추구하는 데 있다고 알려주는 것이 뇌교육이다. 뇌교육이 국가와 결합하면 완전한 평화를 추구하는 국가가 되고, 뇌교육이 종교를 만나면 완전한 화해를 추구하는 종교가 된다. 기업도 가정도 학문도 마찬가지다.

최선의 목표를 향해 나아갈 수 있도록 이끄는 에너지 혹은 스피릿이 뇌교육이다. 뇌교육을 만남으로써 개인은 행복에 이르고, 세계는 평화로 나아갈 수 있다. 이 믿음과 바람이 국가 규모로 실현되고 있는 사례가 엘살바도르이다. 인류 평화를 실현하는 가장 빠른 길은 나 자신의 가치를 발견하는 것이며, 뇌교육이 그것을 가능하게 한다.

한국에서 시작한 뇌교육이 세계 여러 나라에 보급되고, 한국의 벤자민인성영재학교가 미국과 일본, 중국에도 설립되었다. 벤자민

벤자민학교와 뇌교육은 아이들을 살리는 교육운동이자 우리 공동체를 살리는 평화운동이다.

학교는 뇌교육의 모델 학교로서 평화로운 공동체의 이상을 실현할 인재들을 더 많이 배출할 것이다. 하나의 대안학교에 머물지 않고 공교육과 여러 형태로 협력하며 벤자민학교의 자산을 모든 학교와 나누고 싶다. 나에게 이는 아이들을 살리는 교육운동이자 우리 공동체를 살리는 평화운동이다.

한 아이를 키우려면 온 마을이 필요하다고 하듯이, 교육은 학교를 넘어 사회 전체가 함께하는 일이 되어야 한다. 벤자민학교는 아이들을 지역사회와 연결하고, 나아가 자연과의 연결을 자각하게 한다. 이 아이들은 마을 공동체에서의 역할을 스스로 찾고, 지구 공동체를 위한 실천에 적극 나서는 지구시민으로 성장할 것이다.

실상은 어른들에게도 벤자민학교가 필요하다. 자신을 사랑하는 생명의 기본적인 능력을 잃은 이들, 꿈이라는 삶의 나침반 없이 힘을 소진해버린 이들이 얼마나 많은가? 벤자민학교는 어떤 이름으로든 이들과 만나는 길을 찾을 것이다.

사람들이 원하는 것은 가르침이 아니라 자신이 아는 것을 실행할 힘이다. 이 힘의 근본적인 동력은 흥미롭게도 자신을 사랑하는 능력에 맞닿아 있다. 자신을 사랑하고 자신이 꿈꾸는 것을 행할 힘이 있다는 것은, 자신의 가치를 발견하고 그 가치를 실현한다는 뇌교육의 목표와 완전히 같은 말이다. 벤자민학교와 뇌교육으로, 또는 다른 무엇으로든 자신을 사랑하는 능력을 회복하고 자신의 꿈을 향해 나아가기를, 그래서 행복하고 평화롭기를 마음 깊이 기원한다.

행복한 아이가 세상을 바꾼다

벤자민인성영재학교에 관해 이야기하면 '대한민국에 이런 학교가 있었냐'며 놀라워하는 이들이 많다. 그 다음 말은 '나도 이런 학교에 다니고 싶다'이다. 대개는 오래 전에 학창시절을 마감한 이들이 그렇게 말한다.

정작 중·고등학교 학생들은 그 말을 선뜻 하지 못한다. 공부 안 해도 되는 학교라는데 학생들이 멈칫하는 이유는 대한민국 같은 경쟁사회에서 주류를 벗어나는 선택을 하는 것이 위험한 일임을 그 나이만 돼도 알기 때문이다. 그러다 보니 어지간한 정도로는 안 되고, 간절한 사유가 있어야 그것이 동기가 되어 벤자민학교를 선택하게 된다.

벤자민학교에서 뇌교육을 만난 아이들은 간절함의 힘이 보태져

대한민국 교육이 인류 교육의 모델이 되고, 세계 학교의 본보기가 되기를 희망한다.

반짝반짝 빛나는 모습으로 성장한다. 사실 성장의 간절함은 세상 모든 아이들이 다르지 않다. 아이들이 밝고 건강하게 자라 창의적 인재로 제 역할을 하는 것은 두말할 필요 없는 교육의 목표이자 국가적 과제다. 이를 실현하기 위해 내가 알고 있는 가장 좋은 방안은 벤자민학교에서 하는 뇌교육을 우리나라의 모든 학교에서 시행하는 것이다. 유치원에서부터 초·중·고등학교를 거치며 시기별로 뇌교육을 체험하는 것은 아이들 개인에게 그리고 학교와 교사, 우리 사회와 국가에 희망을 약속하는 일이다.

　이것이 뇌교육을 만든 나의 과도한 꿈이 아님을 벤자민학교를 통해, 그리고 엘살바도르의 공교육화 사례를 통해 확인하고 있다. 나의 꿈을 우리의 꿈으로 키운 벤자민학교 교사와 국제뇌교육협회 강사들에게 더없는 감사의 인사를 전한다. 그들의 열정과 사명감이 아이들을 조금 더 행복하게 자라게 하고, 세상을 조금씩 변화시켜 간다고 믿는다.

우리나라 공교육 현장에 뇌교육을 접목하기 위해 애쓰는 선생님들의 용기에도 경의를 담아 박수를 보낸다. 오직 아이들에 대한 사랑과 교육자로서의 책임감으로 그 일을 해내고 있음을 안다. 이들의 공이 쌓여 뇌교육이 우리나라 교육계의 자산이 되는 날이 속히 오기를 고대한다. 그리되면 대한민국 교육이 인류 교육의 모델이 되고 세계 학교의 본보기가 될 수 있을 것이다. 이것이 나의 허황한 꿈이 아님을 이번에는 대한민국이 세계에 확인시켜 주기를 희망한다. 행복한 아이가 세상을 바꾼다.

대한민국에 이런 학교가 있었어?

초판 1쇄 발행 2018년(단기 4351년) 10월 22일
초판 6쇄 발행 2022년(단기 4355년) 11월 22일

지은이 · 이승헌
펴낸이 · 심남숙
펴낸곳 · (주)한문화멀티미디어
등록 · 1990. 11. 28. 제 21-209호
주소 · 서울시 광진구 능동로 43길 3-5 동인빌딩 3층 (04915)
전화 · 영업부 2016-3500 편집부 2016-3507
http://www.hanmunhwa.com

운영이사 · 이미향 | 편집 · 강정화 최연실 | 기획 홍보 · 진정근
디자인 제작 · 이정희 | 경영 · 강윤정 조동희 | 회계 · 김옥희 | 영업 · 이광우

만든 사람들
기획 총괄 · 고훈경 | 책임 편집 · 방은진 | 디자인 · 이정희

ⓒ 이승헌, 2018
ISBN 978-89-5699-341-6 03370